U0535770

华石商

书系题字 | 吴寿良
广东省书画家协会副主席
广东书画研究会副会长

— HUAWEI —

以客户为中心，以奋斗者为本，长期坚持艰苦奋斗。这就是华为超越竞争对手的全部秘密，这就是华为由胜利走向更大胜利的"三个根本保障"。

——任正非

华为 商业哲学书系 ②

程东升 徐晓良 段传敏 | 联合主编

HUAWEI
BUSINESS PHILOSOPHY

程东升 ◎ 著

极限思维

任正非管理实践

中国经济出版社
CHINA ECONOMIC PUBLISHING HOUSE

北京

图书在版编目（CIP）数据

极限思维 / 程东升著． -- 北京：中国经济出版社，2024.1

（商业哲学书系）

ISBN 978 - 7 - 5136 - 7519 - 2

Ⅰ．①极… Ⅱ．①程… Ⅲ．①企业管理 - 经验 - 中国 Ⅳ．① F279.23

中国国家版本馆 CIP 数据核字（2023）第 194001 号

策划编辑	崔姜薇
责任编辑	焦晓云
责任印制	马小宾
封面设计	久品轩
本书插画	王晓晴　关振旋

出版发行	中国经济出版社
印 刷 者	北京富泰印刷有限责任公司
经 销 者	各地新华书店
开　　本	710mm × 1000mm　1/16
插页印张	1.25
印　　张	16
字　　数	254 千字
版　　次	2024 年 1 月第 1 版
印　　次	2024 年 1 月第 1 次
定　　价	78.00 元

广告经营许可证　京西工商广字第 8179 号

中国经济出版社 网址 www.economyph.com 社址 北京市东城区安定门外大街 58 号 邮编 100011
本版图书如存在印装质量问题，请与本社销售中心联系调换（联系电话：010-57512564）

版权所有　盗版必究（举报电话：010-57512600）
国家版权局反盗版举报中心（举报电话：12390）　服务热线：010-57512564

华为"商业哲学书系"主编简介

程东升

知名财经作家,华为研究专家,广州市博研慈善促进会理事,法国克莱蒙商学院工商管理博士(在读),已出版《华为真相》《华为三十年》《任正非管理日志》等多部畅销书。多家大型企业战略与品牌顾问,曾协助多家企业打造"奋斗者团队"。

徐晓良

博研教育创始人、董事长,博研商学院院长,全球博研同学会理事长,广东省工商联执委,广东省山东青岛商会会长,中国科学院科创型企业家培育计划发起人,国家文化科技创新服务联盟主任。曾任中山大学 EMBA 中心主任。

段传敏

战略营销观察家,财经作家,高端中国营销创新联盟执行主席。CCTV《大国品牌》栏目顾问,喜临门、华耐家居等企业战略营销顾问。

各界知名人士盛赞推荐

知名学者

郑晓明
清华大学经济管理学院领导力与组织管理系长聘教授（终身正教授）、博士生导师，中国工商管理案例中心主任

祝贺东升及团队策划、编写的华为"商业哲学书系"出版！相信这套书对中国企业界意义重大。

理查德·索帕诺（Richard Soparnot）
法国克莱蒙商学院校长

作为一名战略管理学教授，我在遥远的法国早已听说来自中国的华为公司及其创始人任正非先生。以华为公司为代表的中国公司已经崛起，并正在影响着世界产业格局。
这套书将给我在法国乃至世界研究包括华为在内的企业的战略管理提供重要资料。

周建波
北京大学经济学院经济史系主任、教授

华为商业哲学及其成功实践是广大中国企业家学习的绝佳内容，相信本书系会对中国企业家具有一定的借鉴价值。

刘善仕

华南理工大学工商学院教授，广东省人才开发与管理研究会会长

商业哲学需要平衡商业组织的终极目标：商业利益与社会责任。"利"可以让企业走得快，"义"可以让企业走得远，华为在平衡"利"和"义"的过程中，走出了一条有中国特色的道路。

杨思卓

联合国可持续发展贡献奖获得者、中商国际管理研究院院长，博士生导师

商海航行，需要商业哲学的灯塔。
我与任正非先生只有一次当面谈话，一直对他钦佩有加。他的管理思想、领导艺术和商业哲学都是值得总结和提炼的金矿。华为"商业哲学书系"的出版，是做了一件有难度，更有价值的好事，可以说，弥补了中国当代商业哲学的空白。

邹广文

清华大学教授，中国辩证唯物主义研究会副会长

本书系系统梳理了中国优秀企业家任正非的商业管理思想，对于提升中国企业对世界的影响力、生动展示当代中国改革开放的巨大成就，必将起到积极的作用。

苏德超

武汉大学哲学系教授

华为是一家让人肃然起敬的企业，任正非是一位让人肃然起敬的企业家。华为哲学倡导的核心价值观——服务客户、相信奋斗、着眼长远、自我批判，不但是成功的企业经营之道，稍加变通，也是成熟的为人处世之道。学习华为是时代的期许，开卷有益是读者的期望。

晋琳琳

广东工业大学管理学院

相信本书系是打开任正非所领导的华为成功之道的一把金钥匙。

任巍

广东财经大学教授，工商管理学院前院长，人力资源学院前执行院长

华为"商业哲学书系"的出版，是一项具有创新性的工作。华为具有非常多值得学习和研究的地方，用几个词概括就是：自主创新、艰苦奋斗；责任担当，不惧挑战；不忘初心，雄才大略。

知名企业家

范厚华
深圳传世智慧科技有限公司创始人、总裁，华为前海外区域副总裁

我在华为任职17年，从一线销售人员到代表处代表，到海外区域副总裁，见证了华为的迅速崛起及其取得的辉煌成就。很多专业人士试图探究华为成功的原因，我认为本源就在于任正非先生的管理哲学思想。相信读者在华为"商业哲学书系"的加持下，一定能在企业治理之路上突破认知、扩大格局，带领企业走向巅峰。

田和喜
广州道成咨询集团创始人，阿米巴经营本土化奠基人、权威专家

华为"商业哲学书系"是东升兄及其团队研究华为20余年的心血之作，大家先读厚，再读薄，结合自身商业实战，回归原点，定能取到真经；相信华为商业哲学，定能助力更多优秀中国企业走向世界。

殷祖碧
铸源集团营销副总裁、有趣世界龙焱系统创始人、湖北军昊文旅发展集团董事长

程老师及其团队耗时四年多创作的这套书，系统总结了华为的底层逻辑、价值观和方法论。在我看来，这是学习华为的非常好、非常系统的工具。华为商业哲学具有一定的普适性，可以为很多中国企业学习。

盛华强
中国户外知名品牌探路者创始人

对于任正非的研究不应当停留在企业管理层面，而应当看到支撑他成就世界级卓越企业背后的宏阔世界观、基于人类整体的价值观，以及对人性深刻洞察的哲学。

今天，在全球经济放缓的背景之下，全方位挖掘、理解华为商业哲学，对个人和中国社会的发展都具有非常重要的现实意义。

吴振山
创信国际控股集团公司董事会主席

这套书不仅有助于读者解读华为的成功密码，而且可以帮助以华为为标杆的企业进行更精确的对标。

任旭阳
真知资本（Verity Ventures）创始人、董事长，百度公司首席顾问

长期成功的企业都有一套独特的商业哲学。作为具有全球影响力的中国公司，华为的成功源于创始人任正非卓尔不凡的商业思想和经营哲学，以及对其的长期实践、坚持和不断进化，这构成了独特的华为文化和管理模式。研究、总结和学习华为商业哲学对中国企业界和管理学界都具有非常重要的意义。

姚吉庆

慕思健康睡眠股份有限公司副董事长、总裁

本书系的研究方法很独特，用了时下流行的萃取技术；研究角度也很独特，回答了企业界比较关注的问题：学华为应该学什么？华为的成功能不能复制？如何复制？华为成功的本质是任正非的经营哲学及华为的组织能力建设。本书所萃取的哲学思想、观点和方法论对中国企业有重要的借鉴价值和指导意义。

许临峰

首任华为终端 2C 营销变革项目负责人、区域首席营销官，华珞咨询创始人 &CEO

2022 年 8 月 24 日，任正非在华为心声社区发布了一篇文章，强调活下来将作为公司的主要纲领，华为进入新一轮冬天。为什么会有这样的判断和思考？从东升及其同事策划、主编的这套书中可以学习任正非的世界观和方法论。

楼仲平

双童创业共享平台创始人，《鸡毛飞上天》原型人物之一，全球吸管行业冠军

在我 30 年制造业经营实践中，华为在管理上对我的影响几乎是天花板般的存在，任正非的胸怀与格局，以及华为哲学所倡导的奋斗者精神、认识自我的观念、向死而生的危机观、科学管理和绩效、用人哲学、分钱和分权的智慧等，都持续影响我将学习成果转化成行动力量，推动我经营的"双童"企业穿越一个个经济周期，从而保持快速成长。

赖建雄
流行美时尚商业机构创始人

华为"商业哲学书系"全面总结梳理了任正非在华为成长和发展过程中的思考、经验和智慧，内容涵盖任正非先生在华为企业管理、战略规划、团队建设等方面的底层逻辑。无论是想了解华为成功的秘诀，还是希望锤炼自己的商业领袖能力，都可以从这套书获益良多。

李志林
简一集团董事长

基业长青是每一位企业家的梦想，企业的长盛不衰源于企业家思想和企业文化。华为"商业哲学书系"全面系统地梳理了任正非的世界观、战略观、管理观、学习观，并从商业的底层逻辑详细解析了任正非的商业哲学、领导哲学，使读者从更高的层面理解商业的本质。

朱岩梅
华大基因集团执行副总裁

如任正非所言，"华为的核心优势，不是技术、资金和人才，而是对技术、资金和人才的管理。"学习华为是中国管理者的必修课。华为30多年的发展历程覆盖了MBA课程的所有模块，读者如能钻深学透、活学活用这套书的管理理念和经营哲学，就会是个货真价实、接地气的MBA。

王兵
索菲亚家居集团总裁

华为是一家了不起的企业，华为的任总更是当代杰出的企业家代表。

任总的商业哲学指引着华为披荆斩棘，一路生花。对于处于创业阶段、上升阶段的企业管理者，以及正在力挽狂澜的企业管理者、经营者来说，任总的商业哲学是弥足珍贵的财富，具有非常强的学习和借鉴意义。

吴铭斌
连续创业者、终身学习者，美誉集团联合创始人，广东满纷信息科技有限公司总经理

美誉集团距离华为松山湖基地不算很远，我们一直在学习华为。但我们对华为的了解非常有限，对任正非的经营管理智慧、商业哲学了解得更少。华为"商业哲学书系"对我们学习华为和任正非的商业哲学非常有意义，我们将向更多客户推荐这套书及相应课程。

秦烜
广州从都国际庄园高尔夫球汇总经理

华为"商业哲学书系"对提升企业家和管理者的认知，悟透商业逻辑和经营管理中的道，可以起到积极的引路和启明作用，极力推荐。

谢振东

广州市公共交通集团有限公司大数据总监，广州羊城通有限公司董事长

企业是一个活体，它有灵魂、有思想、有精神，需要激励、运营、创新、营销等机制持续激发活力，如何激发呢？这套书给了攻略，学习任正非，复刻华为，创立下一个领军企业。

周晓曦

北京今圣梅家具制造有限公司董事长，北京蜂虎文化艺术有限公司董事长，中国女企业家协会副会长

期待华为"商业哲学书系"尽快与创业者、企业家见面，传经送宝，点石成金。期盼有更多像华为一样优秀的企业如雨后春笋般傲然屹立在世界东方的沃土上，为中华民族的伟大复兴贡献更大的力量。

施少斌

贝英资本创始人，王老吉原掌门人，珠江钢琴集团原董事长

对当代中国企业界的人来说，华为公司和创始人任正非先生都是学习的标杆。

华为"商业哲学书系"是很好的学习华为的工具，建议企业家细读细品，学以致用，做大自己的事业，成就任正非式的人生篇章。

知名教育家

张益铭
胜者教育董事长，中国素质教育专家，"胜者163教育模型"创立者

中国企业家是一个比较喜欢学习的群体，这是中国经济在改革开放以来异军崛起、取得杰出成就的重要原因。作为当代中国最优秀的企业之一，华为的成功与任正非的商业哲学直接相关。我相信，华为"商业哲学书系"会成为中国企业家未来若干年非常喜欢学习的著作。

李发海
益策教育创始人

"训战"是华为大学的一个显著标签，像打仗一样训练、像训练一样打仗。实施教育不是目的，而是为经营服务的战略手段，是锻造组织能力的重要抓手，华为大学案例对企业界有较大的借鉴意义。

柯银斌
察哈尔学会学术委员会副主任、高级研究员

中国企业之前多学习美国、日本企业的管理模式和企业文化，华为崛起后，已成为中国企业学习的标杆。华为"商业哲学书系"对任正非的商业哲学进行了全面梳理、总结，是学习华为很好的工具。点赞东升兄及其优秀的团队！

知名媒体人

王牧笛

中国知名媒体人，广东卫视《财经郎眼》制片人、主持人，功夫财经创始人兼CEO

华为的价值观、方法论、战略、创新、股权、产品、管理、营销、数字化，成了一个又一个商业样板和示范，而这一切都归因于商业哲学。

本书系对中国企业的成长、转型和进化是镜鉴，亦是弥足珍贵的思想财富。

邱恒明

财经作家，财经书评人

程东升研究华为及华为创始人任正非二十余年，他带领的团队创造性地总结并提炼出任正非"商业哲学体系"，是中国商业创作领域的里程碑事件，为现代东方管理智慧划定了一条标尺，必将引起关注和讨论。

张凤安

艾利艾智库董事、总经理

程东升是华为研究知名专家，他与团队跟踪华为二十多年，此番特别推出华为"商业哲学书系"，给所有试图解读华为、学习华为的企业家、学者提供了迄今最完整、全面的"华为真相"。华为的精神谱系是一部中国企业史、中国企业家精神史和中国企业家心灵史。

姚军
中流会"向华为学习俱乐部"创始人

相信研究华为多年的东升兄主编的这套书会为人们认识华为提供一个全面且有独特价值的视角。

封底美术作品作者

王晓晴，中国美术家协会会员，中国工笔画协会会员，中国古琴协会会员，广东省美术家协会会员。

封面肖像画作者

关振旋，广东佛山人，生于1940年，毕业于佛山艺专油画专业，善画人物，曾创作多本连环画，晚年以肖像画及情景速写闻名，将几万张手稿捐赠给家乡美术馆收藏。

本书系编撰团队

首席顾问：詹 敏　　**特约编辑**：石北燕　　**资源整合**：王海宁　　**主编助理**：程美琳

特别鸣谢

企业界友人：

王纪伟	刘志清	殷祖碧	屈晓春	王群英	周素梅	李 根	王春燕	邓秀华	苏晓平
梅鹏飞	马 娅	严 勇	梅昌财	陈鑫磊	张正勤	余荣军	马 腾	王 静	张向东
陈玉劼	穆兆曦	黄家庆	曹书涵	邓智君	严佑春	黎邦其	汤敏超	万玉华	许开京
马本湘	马苏格	周巧璋	赖建雄	於凌燕	吴天真	周维升	孙大勇	孙鹏博	孟大伟
黄 刚	安 强	尹青胜	张 华	廖学锋	徐 恺	徐瑞明	咸伟川	晁莉红	旷晓玲
曾繁华	朱 明	李吉兴	李宗兴	李红伟	林翔辉	江明强	游 沙	潘少宝	刘冬梅
王东才	王耀民	程依春	郑孙满	肖万俊	肖金文	胡 勇	谢嘉生	贺 勤	刘继敏
毛志刚									

博研教育领导团队：

欧阳清	博研教育总裁、广州市海珠区人大代表、民进广东省委会青工委秘书长
吴天昊	全球博研同学会秘书长，科创联盟发起人
顾国强	博研教育CFO兼首席法务官
雷 安	博研教育首席营销官
张川燕	博研教育商学院院长
毛望仁	博研教育金哲院联席院长
刘 画	博研教育金融学院院长
唐玉婵	博研教育金哲学院副院长
陈 洁	博研教育金融学院副院长
赖凤燕	博研教育历史学院执行院长
陈乐雄	博研教育国际学院副院长
冯平平	博研教育法国克莱蒙MIB/DBA项目主任
陈彦妤	全球博研同学会副秘书长
李 文	博研教育集团事业部主任
宋小英	博研教育产业创新项目主任
张荣兰	博研教育校友资源部总经理
田 磊	博研教育佛山分院执行院长

博研教育金哲11班同学：

陈建名	陈锦全	秦 烜	卢建彤	李庆嘉	陈宣儒	邓辉明	李连燕	郭恩凝	黄定文
刘隽瑜	刘鸿兴	刘 萍	罗 林	陶祺楠	温思婷	文美兰	徐怀石	燕 东	朱华英
陈伟添	许宏生	黄大成	卢海华	张青云	何 理	王牧笛	管晓蕾	刘 翔	廖 健
梁文蓓	张俊峰	何晓娟	张 梅	张春玲	晏 晨	谢振荣	詹惠红	周 斌	余少菓
赵天宇	黄惠敏	周立峰	王 方	夏艳娟	彭 琼	李东梅	冼丹丹		

法国克莱蒙商学院博士班同学：

张 健	宣典祥	毛小毛	朱红兰	廖春樱	陈 耕	李家丽	彭 琼	李卓洁	王 伟
周立峰	廖成伟	陈锐涛	左光申	陈锦全	李东梅	李小华	凌晓萍	卢建彤	冯华山
张 玫	金代荣	张金海	李东坤	王 玲	何晓娟	杨莉丽	刘汝华	张俊峰	

华为 商业哲学书系

推荐序一 ▶ FOREWORD I

读懂任总才能读懂华为
学习领先者成为领先者

范厚华 / 文

歌德曾说过:"同时代的伟大人物可比于空中的巨星。当他们在地平线上出现的时候,我们的眼便不禁向他们瞻望。如果我们有幸能分享这种完美的品质,我们便感到鼓舞和受到陶冶。"

当今企业界,人们为什么学华为?

在世人眼里,华为曾经和它的创始人任正非先生一样,充满神秘感,很少有人能说清楚它是如何在短短30多年,从一家立足深圳经济特区、创业资本只有21000元人民币的民营企业,稳健成长为年销售额近万亿元人民币的卓越的民族企业的。华为的迅速崛起及其取得的辉煌成就为业界瞩目,它在很多方面,尤其是企业管理方面,对整个产业及至中国企业产生了深远影响。很多专业人士都试图从企业管理的各个层面探究华为成功的原因，那么，华为是如何对近20万人的庞大组织进行科学的管理，并卓有成效呢？

本源就在于任正非先生的商业哲学思想。

任正非先生说过："一个管理者到底以什么样的思想来治理企业，我认为这是一个企业首要且最大的管理命题！"

我在华为任职17年，从一名一线销售人员到代表处代表，再到海外区域副总裁，见证了华为从国内市场到全球领先的不断壮大的历程。要说我体会最深的一点，是我刚进入华为的时候，第一次有幸读到任总的讲话纪要，任总看似平易近人、通俗易懂的话语，却深入浅出地表达出深奥的管理理念，给当时的我留下了深刻的印象，并对我后来的成长起到了指路明灯的作用。我相信任总的管理理念在每位华为人心中都刻下了深刻的烙印，甚至可以说，华为最后的胜出，就是任总管理理念普遍灌溉的结果！

任总先进的管理理念，以及对外部智慧的开放吸纳，对世界观、价值观、商业观的坚守，是华为能够专注于本业的核心，更是华为能团结全球最优秀的人才、不断壮大成长的秘诀。

企业家都需要面对一个问题：企业存在的意义和本质是什么？我们究竟帮助客户创造哪些价值？为社会解决什么问题？套路、章法、打法再熟练，也只是价值传递的管道；若顶层思想偏离了企业存在的本质，就直接导致行为偏差，最终使结果产生巨大偏差。

我作为"以客户为中心"的企业管理实践者，6年来指导多家上市企业学习任正非先生的管理理念，解读华为的先进管理体系。企业家们在深入理解的基础上，结合企业自身实际，建立和践行了自己的

"以客户为中心"的管理体系。我们先后服务了歌尔股份、汇川技术、西子洁能、顺络电子、中控技术等企业。企业家们以他们强大的领导力，锐意变革，坚守长期主义，几年下来，这些企业都取得了非常优异的经营成绩，走上了高质量可持续发展之路。

这套书对任正非的商业哲学进行了全面系统的梳理，从管理思想到业务策略，从管理哲学到规则体系，从世界观、方法论、领导力哲学等方面，深度解读任正非先生的商业思想内核，揭开华为30多年来持续壮大、不断腾飞的本源动力。这套书凝聚了东升兄及其团队研究华为20余年的心血，极具思想性、先进性和启迪性，我相信会给企业家及广大读者带来独特价值。

读懂任总，才能读懂华为；学习领先者，才能成为领先者！

相信读者在东升兄及其团队的心血之作的加持下，勤加实践和体悟，一定能在企业治理之路上突破认知、扩大格局，带领企业走向巅峰！

范厚华

2023年9月

（范厚华 深圳传世智慧科技有限公司创始人、总裁，华为前海外区域副总裁）

华为 商业哲学书系

推荐序二 ▶ FOREWORD II

利他和长期主义的力量
弘扬家国情怀

殷祖碧 / 文

任正非是我最敬佩的中国企业家之一。这不仅仅是源于我有过从军经历，任正非早年也在部队，且一度成为了技术能手、学习标兵。部队的历练为任正非后来创建华为打下了坚实的基础。可以说，华为能有今天的成就，与任总早年在部队的历练密不可分。我后来也脱下军装开始做生意。很多人都知道，刚开始我创建的公司规模虽小，但也是在服务我们的国家基层民众，从这一点来说，我们与华为的初衷是一致的。

我敬佩任总的另一个重要原因是，42岁开始创业的任总打造了让全世界瞩目的伟大的企业。华为的成功，其核心就是任总在华为实施的完整的闭环商业逻辑，沉淀的深刻的商业哲学，无论从自主研发到市场营销，还是内部全员持股分红，都是让常人难以想象的管理智慧与最早的内部均富思想的落地。

通过子旭科技总裁、香港大国医道智慧国医董事长，也是我们的会员企业主詹敏的介绍，我认识了我国知名财经作家程东升老师。程老师持续研究华为，从2003年出版第一本有关华为的畅销书《华为真相》，到2023年刚好20年。20年来，程东升及其团队策划了系列有关华为的图书及课程，为总结中国企业的管理经验做出了一定的贡献。程东升老师的专注力、专业度同样让我们敬佩。

程老师及其团队耗时四年多创作的华为"商业哲学书系"，系统总结了华为取得巨大成功的底层逻辑、价值观、方法论。在我看来，这是学习华为的非常好的系统工具。

我认为，华为商业哲学具有一定的普适性，可以为很多中国企业学习。创建公司以来，我们一直在学习华为的管理模式，引入了华为的利他主义、长期主义、诚信为王等思想。

华为有一个理念是"以客户为中心"，长期坚持艰苦奋斗。华为从之前的交换机产品到现在的手机，到各种智能产品，秉承的都是这样的理念。世界公认的国际质量管理体系ISO八大原则之首就是"以顾客为关注焦点"，处处落实到细节中，这是一个伟大的理念。

我们从永倍达到2023年下半年推出的全新的互联网平台"有趣世界"，定位始终如一——做中国领先的民族电商平台。我们充分分析了国家当前的市场需求和社会环境，致力于通过打造自主品牌，利用自主知识产权，实实在在地帮助企业，更好地满足"人民群众对美好生活的向往"。

我们认识到，消费者既是消费者，同时也应该是企业的投资人，在享有产品的使用权之外，还应该拥有企业的分红权。但是，在传统商业理念的零售模式中，消费者仅仅是产品的消费者，企业的发展壮大、取得的利润，基本与消费者无关，尤其是在还没有上市的时候，企业内部存在一个封闭的利润分配机制，消费者只是利润贡献者，难以分享企业的利润。即使上市了，企业也只是开放了一部分利润分配权给社会上的投资人，而非全体消费者。正是从消费者（客户）的这个需求出发，我们创建了"永倍达·有趣世界"，我们的目标是让越来越多的消费者成为企业利润共享者。在这一点上，我们本质上是在学习华为"以客户为中心"的服务意识。

在运营中，我们学习了华为人艰苦奋斗、不畏艰险、迎难而上的精神。我在创业过程中，也遇到了几乎是同样不可想象的各种困难，甚至面对过巨大的质疑，但我们从没有退却过，从没有停步过，从没动摇过我们的信念，从没辜负过对千千万万会员的承诺，我们坚信我们从事的是如华为一样伟大的事业。

尽管我们过去取得了一定的成绩，在2023年8月15日推出全新的互联网平台——"有趣世界"之后，我还是要求团队成员具备"归零心态"，忘记过去的所有成绩，一切从头开始。我们一直牢记华为倡导的"过去的辉煌不是未来成功的可靠保障"。

华为还有一点非常值得学习的，是强烈的家国情怀。孟晚舟女士被滞留在加拿大长达数年，有着强烈使命感的华为人的家国情怀日月可鉴！

在千千万万的事业伙伴的共同努力下，我们也像华为一样，以强烈的家国情怀，与全国近400个县市成功合作惠美乡村项目，帮助亿万村民直接销售农产品；我们还积极参与乡村振兴基金的建设，为惠美乡村的永续发展做出重要贡献。我们会继续不忘初心助力中国乡村经济的振兴事业，还会通过各种方式服务社会、回馈大众，永怀家国情怀。

华为商业哲学的内涵非常丰富，我们只领会了其中一部分内容，还没有学到家。这套书是非常好的学习工具，我们愿意与更多企业家、伙伴们一起持续学习、共同进步，创造属于我们的美好未来。

2023 年 9 月

（殷祖碧　铸源集团营销副总裁，有趣世界龙焱系统创始人，湖北军昊文旅发展集团董事长）

华为 商业哲学书系

推荐序三 ▶ FOREWORD III

企业家要学点哲学

徐晓良 / 文

博研教育起源于2009年创办的中山大学管理哲学博士课程研修班，与很多以实用为导向的企业家培训班不同，博研教育一开始就走的是"无用之用"的道路，以"哲学"为基础课程，以"哲学"为思考的出发点和归宿。因此，博研教育的很多课程，尤其是面向企业家、企业高层的金融哲学产业创新班课程（简称金哲班），商业哲学是必修课。

博研之所以采用这样的课程设置，是因为我们觉得企业家到了一定的阶段，必然需要进行哲学思考，必然会从哲学的高度考虑问题，具备哲学思维的企业家，才容易在纷繁复杂的商业市场中，看清商业的本质，掌握企业的核心。事实也正是这样，比如华为创始人任正非先生，其经营管理理念就充满了哲学思考，有大量的思辨话题。

比如任正非提出"华为没有成功,只有成长",按照我的粗浅理解,这句话充满了哲学意味,至少有两层含义。

第一,"成功"没有什么统一的标准。或许在很多人眼里,华为已经非常"成功",比如2019年的营收一度达到了将近9000亿元、利润达到了600多亿元;华为多年前就超越了曾经的行业第一思科、第二美电贝尔等众多巨头,成为全球ICT领域的领军企业;华为在ICT领域的多项技术跃居世界第一……从市场表现来看,华为的确算是非常"成功",这是普遍意义上、普通人眼里的成功。但在任正非看来,这都不算什么,或许他心里有更高更远大的目标,华为还远远没有达到他的期望。

第二,华为的成功永远只是暂时的、阶段性的,华为根本没有"成功"的概念。这当然是任正非对于华为取得成就的一种自谦,但如果从哲学的角度分析,任正非说的也确为事实。天下没有任何一家企业能够一直成功,甚至都没有永远存在的企业。任何企业都是有一定的生命周期的,华为也一样,最终会有消亡的一天。所以,任正非说,华为人的任务之一就是推迟华为死亡的时间。

因此,任正非从来不说要做百年企业,而是经常提醒华为人"华为距离破产只有21天"。

这套书从哲学的高度对任正非先生的经营管理理念进行了相对全面的梳理、剖析,大家可以通过这套书系统地学习任正非先生的商业哲学。

任正非先生非但在华为的经营管理实践中不自觉地进行哲学思辨,还非常明确地要求华为的高层要学点哲学、懂点哲学。

显然,任正非先生就是一位商业哲学的思考者、践行者。

任正非先生给中国企业家树立了一个很好的标杆。

亚里士多德曾说过:"哲学智慧产生于人类的实践活动。科学需要哲学,商业也需要哲学。"在当下这个关键节点,企业家需要重新对世界发起追问和思考。

博研的课程设置以哲学为基础,在一开始的时候,我的很多朋友都担心这样的"务虚"课程,很难得到企业家,尤其是华南企业家的认可。在很多人的印象里,华南地区的企业家是低调务实、讲究实战,甚至是奉行实用主义的。但博研这么多年的经验证明,华南的企业家非常喜欢哲学,博研的"金哲班"课程受到了广大企业家的喜爱。目前,金哲班课程已经开设到了第 12 个班,有数千名企业家学习了这一课程。

经过多年的发展,博研同学会已形成拥有 2 万企业家学员、20 万企业家会员,影响力覆盖超过 100 万华南高端人群,并具有全国影响力的学习型社群。

这充分证明,华南企业家不但非常务实地低头拉车,还时常抬头仰望星空、进行深度思考。这是一群非常好学、思辨性很强、实践能力很强的可爱的企业家。

近年,博研开始尝试走出华南,去全国更多城市服务当地的企业家。我们希望全国各地的企业家都能参与商业哲学的课程学习。

我们将持续开设商业哲学课程

叔本华说:"哲学就像艺术和诗,必须在对世界的知觉把握中去寻找自身的源泉。"

黑格尔说:"哲学应当从困惑中开始。"

这是博研创立的初衷，也是程东升先生研究华为商业哲学的初衷。

程东升先生及其团队一直研究华为和任正非先生的经营管理理念，先后策划、创作、出版有《华为真相》《华为经营管理智慧》《任正非管理日志》《华为三十年》等众多华为题材的畅销书，在市场上产生了相当大的影响。其中，《华为真相》第一版出版于2003年左右，是国内最早出版的关于华为的专著之一，可见程东升先生及其团队对华为关注之早、研究持续时间之长、专业程度之高。

我在与程东升先生交流的时候，他经常自谦地说，上述图书的畅销，并非他们团队努力的结果，而是华为的成功实践产生的联动效应，是任正非先生系统而完整的经营管理理念在中外企业界的重大影响带来的。

几年前，程东升先生及其团队开始策划、创作华为"商业哲学书系"，从哲学视角梳理任正非先生的经营管理理念。其团队中有前世界500强企业的CEO，有中国企业界的资深企业教练，也有国内外著名商学院的知名学者。这是一个实力雄厚、理论与实践经验都非常丰富的团队。

基于大家对商业哲学，尤其是华为商业哲学的高度认同，博研教育与程东升先生的团队共同策划、出版了这套书。我们将会把这套书作为博研教育的教材，供广大企业家学习。

弗兰西斯·培根说："读书不是为了雄辩和驳斥，也不是为了轻信和盲从，而是为了思考和权衡。"

企业家来博研学习，除了知识的更新外，还可以提升思辨能力，学会思考和权衡。

这套书的出版只是工作的开始，未来，我们每年都会推出类似的出版物。我们还与程东升先生及其团队开发了针对企业家的商业哲学课程体系，内容包括中西方哲学流派的演变、任正非商业哲学认知以及他在华为的实践；这门课程既包含哲学素养的普及知识，又有哲学在商业中的实践经验，企业家在学习过程中既动脑又动手，既务虚又务实，非常适合提升企业家的认知能力和实践能力。

我一直认为，做企业需要使命引领、哲学护航、战略创新、机制保障。在这一框架下，企业成员可以逐步实现"同类相依"，朝着同一个目标前行。

我相信华为"商业哲学书系"的内容会不断完善、课程体系会不断优化，不但为博研教育的企业家学员赋能，还可以给全国乃至世界更多国家和地区的企业家赋能。

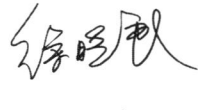

2023 年 9 月

（徐晓良　博研教育创始人、董事长，博研商学院院长，全球博研同学会理事长，广东省工商联执委、广东省山东青岛商会会长、中国科学院科创型企业家培育计划发起人，国家文化科技创新服务联盟主任。曾任中山大学 EMBA 中心主任）

华为 商业哲学书系
推荐序四 ▶ FOREWORD IV

回归原点读任正非的商业哲学

田和喜 / 文

我们所处的世界,既简单,又复杂。看华为,想必也适用。"一听就懂、一做就蒙"已然成为中国企业学习华为的窘境所在。

因为咨询服务的需要,我开始研究华为。

任正非曾说:"华为生存下来的唯一措施,是要向最优秀的人学习。"2012年,我有幸成为国内唯一受邀到华为分享阿米巴经营原理与实战的咨询顾问,从此我与华为结缘,进而了解任正非先生和华为的成长历程,并开始探寻华为的成功之源。

一、华为的"真经"源于任正非的商业哲学

企业经营是一门科学,也是一门艺术。华为是任正非遵循科学规

律带领全员创作出的"艺术品"。因此,企业家个人的商业哲学,是一家企业持续成功的根基。世界上没有两位相同的企业家,自然也不存在两家相同的企业。

华为成功源于任正非的商业思想。

第一,一把手胸怀天下与战略定力。

优秀是一种思维习惯,志存高远才会有超前的战略眼光。任正非在1994年就洞察到通信行业未来的市场竞争格局,想要生存就必须"三分天下有其一",从而保持高度聚焦的战略定力,提前布局未来,华为才有了今天的底气。

2019年5月5日,美国政府宣布制裁华为。随后华为公开发文称:"我们早已做好准备!"华为十多年前在"云淡风轻的季节"已经作出过"极限生存的假设",随着何庭波的一份声明让世界震惊——所有我们曾经打造的"备胎",一夜之间全部转"正"。

想要活下去,必须未雨绸缪。最具风险的事情,就是对未来不采取任何行动。

第二,以客户为中心与有效的市场策略。

企业想要持续发展,"以客户为中心"只是基本条件,还必须采取精准的市场策略。做通信业务时,任正非向毛主席学习"农村包围城市"的打法,选择差异化的产品定位和高性价比路线,从中低端市场入手,在夹缝中生存,奔赴海外做跨国巨头们看不上的边缘市场。

华为2003年就成立了终端公司,为运营商定制开发了100多款手机，由于只关注了运营商需求，没有把目标瞄准最终购买和使用手机的消费者，这100多款手机未受到消费者喜爱，业务发展缓慢。直到2011年，华为终于明确"终端竞争力的起点和终点，都源自消费者"后，终端业务才走上了快速发展的道路。

想要活下去，必须先瞄准客户，想要发展，必须走与众不同的路。

第三，以奋斗者为本与倒逼经营体制。

成功是奋斗出来的，成长是倒逼出来的；没有持续的成长，哪来持续的成功。任正非从自己的人生经历中深刻体会到，个人成长是因原生家庭境况所逼，企业成长源于市场竞争的生死压迫。华为设置的事业部、责任中心制与当年松下事业部制如出一辙，培养了大量管理人才。

2009年1月，任正非在华为销服体系奋斗颁奖大会上，发表演讲《让听得见炮声的人来决策》，结合华为当时组织变革背景，"让听得见炮声的人来决策"从此开始流行。我后来看到这篇文章，才注意到华为向日本企业学习已久，这也是为什么华为邀请我分享"阿米巴经营模式"原理、原则与实践的原因。

活下去，必须把寒气传递给每一个人，要发展必须全员奋斗，这就是全员经营的倒逼体制。

第四，长期艰苦奋斗与价值分配体系。

价值分配体系要向奋斗者、贡献者倾斜。任正非围绕"创造价值、评估价值、分配价值"设计出一套科学的激励体系，吸引着全世界的人才。从"高层要有使命感，中层要有责任感，基层要有饥饿感"的激励方针来看，任正非早把人心的需求看穿，把人性的弱点看透，讲着鼓舞士气的话，公平公正地分钱，牵引着人心向前。

学习任正非，经常会遇到一个偏执的问题："老板，您学习华为管理之前，能先做到像任总那样把 99% 的股份分给大家吗？"激励的学问，不只在于分钱，也不是一定要把绝大部分股份分出去，而是学会在公司不同的发展阶段，根据战略需要，不断实现新的利益再平衡，让蛋糕越做越大，能力越分越强，钱越分越多，也越分越长久。

活下去，除了会分钱，同时还要会分责、分权、分名、分利，更要会分享经营的痛苦与胜利的喜悦。

第五，永远冲锋在前与不断突破自我。

"我若贪生怕死，何以让你们去英勇奋斗，华为强大的核心在于其干部管理体系。技术骨干出身的任正非，深知技术对于企业的重要性；但他更加明白，企业要实现技术上的持续领先，必须在经营管理能力上持续领先。任正非提出："所有企业都是管理第一，技术第二。没有一流管理，领先的技术就会退化；有一流的管理，即使技术二流，企业也会进步。"

任正非要求自己放下技术走向管理，并带领干部团队一起从技术走向管理；华为要用优秀的人培养更优秀的人。

活下去，革自己的命最难，但任正非义无反顾地做了。

第六，回归原点思维与战略集成经营。

回归原点，是松下幸之助和稻盛和夫的观点，也是我在日本住友学习"《论语》加算盘"经营实学之战略集成经营的第一课。

华为很复杂，华为一年几千亿元的营业额，业务遍及全球170多个国家和地区；近20万员工，组织十分庞大，经营管理体系、工具十分复杂。如照搬其方法论，大部分企业难以驾驭。

华为也很简单，华为和世界其他优秀企业一样，都始终坚守经营的原点，遵循朴素的经营原理和原则，所有业务管理的工具、方法、机制系统都是在此基础上生发出来的产物。华为将朴素的商业哲学与经营管理的各机能体系融会贯通，形成了高度的战略集成经营，这是华为庞大组织能够实现上下对齐、左右协同的根本原因。如果华为在经营原理和原则上是复杂的，那必然无法高效组织千军万马南征北战，展现出世界一流的竞争力。

任正非曾十分很谦虚地说："我什么都不懂，只懂把华为的人'粘'起来，朝一个方向努力。"然而，他何止是把华为人"粘"在一起，也把外部的客户、科研机构、供应商、战略集成经营顾问、模块管理顾问等利益相关者全都紧紧地"粘"在一起，为了华为"把数字世界带入每个家庭、每个组织，构建万物互联的智能世界"的使命而奋斗。

活下去，任正非不断回归原点，不忘初心，牢记使命，永葆创业状态。

二、做不了任正非，但必须学任正非

经营管理本身也是一门支撑企业成功的核心技术，任正非作为商业智慧的集大成者，他为中国企业家提供了一个学习和对标世界一流经营水平的窗口，在世界范围内，我们能够找到的公开且信息丰富的商业案例屈指可数。而今，本套书就在我们面前。它讲述的不是成功学，而是每位企业家都可以学到的商业真经。

2023 年 9 月

（田和喜　广州道成咨询集团创始人，曾任世界 500 强住友化学经营部长，中国"理念＋算盘"自主经营开创者，阿米巴经营本土化奠基人、权威专家，中国 500 强战略集成经营顾问）

华为 商业哲学书系

书系总序 ▶ FOREWORD V

探究任正非的商业哲学

程东升 / 文

没有正确的假设，就没有正确的方向；

没有正确的方向，就没有正确的思想；

没有正确的思想，就没有正确的理论；

没有正确的理论，就不会有正确的战略。

——《任总在 Fellow 座谈会上的讲话》（2016）

任正非的这段话充满了哲学思考的味道——方向大致正确，来自企业家的思想正确；企业家的思想正确，来自对企业的正确认知；思想正确、正确认知来自企业家对事物本质的认识，企业家需要掌握哲学这个工具。

任正非认为，领导干部要学习哲学，提高认知水平，提升分析事物的能力，学好哲学才能做好工作。在华为的管理问题上，任正非多次提到"华为的管理哲学"。

华为所有的哲学就是以客户为中心，就是为客户创造价值。

任正非的这句话强调了以客户为中心在华为的重要性，这也是华为所有动作的出发点和归宿。

华为没有管理哲学，华为管理的核心就是四个字：实事求是。

任正非说华为没有管理哲学，或许也是一种事实——华为包括任正非自己并没有提出明确而系统的管理哲学体系，任正非只是在日常讲话中提及众多管理原则、思维模式，涉及大量认识论、方法论等。任正非更没有创立新的哲学理念，从学术的角度看，华为和任正非的确"没有哲学"。

但是，从实用主义、商业的角度看，任正非执掌华为30多年，带领20万人，将华为从一个小公司发展成为营收最高达8000多亿元、在行业内排名第一、众多技术领先世界的公司，没有一定的哲学认知、哲学高度，这样的成就是不可能实现的。因此，任正非说华为没有管理哲学，显然是他的一贯风格——自谦，但并非否认华为有独到的管理哲学。

实事求是本身就是一种哲学，实事求是才能自我批判。从西方哲学的角度看，实事求是的假设前提是承认一切商业原理、商业成功都只是暂时的，都可能是错误的。这种假设的本质就是哲学上的怀疑论。

在任正非看来，规律是可以被认识和尊重的，但是，并不意味着所有结果都符合规律。也就是说，即使你掌握了公司成功的规律，也并不意味着你总是可以成功；何况，你认识和掌握的不一定是真正的规律。

很多企业家在取得了初步成功之后，就忘乎所以，以为自己掌握了企业的规律、行业的规律，甚至掌握了成功的规律，企业还没有做多大，就开始多元化，看到一个项目挣钱就想介入。这其实是一种投机心态。

这样的企业家，往往将运气等同自己的能力，以为时代给他的机遇、好运，是他凭自己的能力得到的。他以为自己的成功是一种必然，其实不过是一种偶然。

我辞职创业以后，收入比之前在政府机构、公司都高。一些朋友说，看来你在原来的单位受限制了，能力没有发挥出来。我告诉他们，我自己的市场价格也就是每月四五万、每年几十万的收入。现在我的收入多了一些，并不代表我的能力强，只是我的运气稍微好一些，而且是当下的运气好了一些，也许过几年运气不好了，能力再强，也只能获得市场给的价码。当然，通过持续不断地学习，我们可以提升自己的能力，进而让市场给我们更高的定价；规避风险，进而少犯错误；积累更多人脉，进而让运气更好。

学习还有一个更重要的功能——让我们对自己的判断和能力保持怀疑，明白外界的不可知性，清楚学习的重要性——通过学习，可以逐步接近事物的真相、理解真相、掌握真相。

学习华为就是学习任正非的商业哲学

从 1999 年起，我们开始关注、研究华为，2003 年出版《华为真相》。之后，我们一直在跟踪研究华为，到 2023 年，已经有 24 年的时间了。这 24 年中，华为从一家电信行业的小企业，成长为国际一流的 IT 与信息技术供应商、世界最大的电信设备制造商，在全球范围拥有很高的品牌知名度和影响力。

尽管任正非不承认华为已经取得了成功，在他看来，"华为没有成功，只有成长"，但从行业地位、销售规模、市场占有率等指标来看，华为的确已经取得了阶段性成功，甚至可以说是取得了巨大成就。

华为的成功，与任正非的经营管理密不可分。从我们这 24 年对华为的观察来看，华为的成功就是任正非商业哲学实践的成功。任正非从华为具体的经营管理中，总结、提炼了一套独特的华为经营管理哲学，已经从一个企业家成长为一位商业哲学家。这也是很多著名企业家的成长路径——从企业家到教育家，再到商业思想家、商业哲学家。

早在 2005 年，我就在《华为经营管理智慧》一书中提出了"商业思想家"的概念，并提出，任正非算是中国少有的一位"商业思想家"。今天，我觉得用"商业哲学家"更为恰当。因为企业家到了一定的高度，必然会从哲学层面思考问题，探究问题的本质。企业家到了一定的高度，必然成为教育家、商业哲学家。

我们之所以将任正非定义为商业哲学家，是为了限定任正非哲学理念的范畴。任正非显然很难算是一个普遍意义上的哲学家，更非一位学术界的哲学家，但他的确有深厚的哲学修养、深刻的哲学认知及成功的商业实践。我们将任正非定义为"商业哲学家"，就是强调他在商业领域应用哲学、提炼哲学。

这些年来，研究华为与任正非管理理念的书越来越多，但从商业哲学的角度进行观察、分析的还比较少。我们策划这套书的初衷就是从更深层乃至商业哲学的视角解构任正非的管理理念。

这些年,尤其是近年来,很多企业,包括很多国有企业都在学习华为。我们认为,华为当然值得学习,华为也应该去学习。不过,学习华为有不同的层次,在企业家层面,尤其是有一定规模的企业,企业家学习华为其实就是学习任正非的商业哲学,就是学习任正非的底层逻辑、学习任正非的思考方法、学习任正非分析问题的路径……

其实,不仅国内的企业,国际上也有很多企业在研究华为。从一定意义上说,华为的管理理念已经成为中国企业影响世界企业界的重要因素。华为和任正非正在重塑中国企业和中国企业家在世界的地位和影响力。

我们希望这套书能够为各界学习、研究华为和任正非的管理理念提供一个新的视角。

企业界学习商业哲学的样本

读者们可能注意到了,本套书的联合主编有一位非常引人关注的人士——徐晓良先生,徐先生是博研教育(博研商学院)创始人、董事长,博研商学院院长。徐晓良先生及博研教育深度参与了本套书的内容策划、创作和运营。

我们之所以选择与徐晓良先生及博研教育合作,是因为博研教育一直在引导和鼓励企业家们学习哲学。在中国企业家培训市场,这是一个独特的存在。

博研教育起源于2009年创办的中山大学管理哲学博士课程研修班(简称"博研班"),在发展过程中融合了中山大学CEO总裁班、北京大学BMP商业模式班、明伦堂国学班、广州美术学院艺术研修班的课程内容，并与清华大学合作进一步完善了教学体系。

经过10年的砥砺前行，博研教育以其富有哲学智慧的人文课程、科学赋能的管理课程、与时俱进的金融投资及商业模式创新课程，跨行业的、创新性的教育实践，在华南地区的企业家学习园地独树一帜。博研教育坚持"培养商业思想者"的发展使命，"学习成就人生"的教育理念，"以文会友，以友辅仁"的教学方针，致力发展成为"中国高端人文教育第一品牌"。

博研同学会已形成拥有两万名企业家学员、二十万名企业家会员、影响力覆盖百万华南高端人群并具有全国影响力的学习型社群。

毫不夸张地说，在对中国企业家进行哲学启蒙、从哲学高度提升中国企业界整体认知水平方面，博研教育功不可没！

正是由于对博研教育的高度认可，我们邀请徐晓良先生和博研教育共同参与了本套书相关的工作。当然，按照我们与徐晓良先生和博研教育的共同规划，本套书的出版只是工作的开始，未来，我们每年都将推出类似的出版物。我们还与徐晓良先生和博研教育开发了针对企业家的商业哲学课程体系。徐晓良先生主要讲授"商业哲学"和"哲学漫谈"，我和我的团队主要讲授"任正非商业哲学"。这些课程内容包括中西方哲学流派的演变、任正非商业哲学认知及在华为的实践，既有哲学素养的普及，又有哲学在商业中的实践，企业家在学习过程中既要动脑又要动手，既务虚又务实，有助于提升认知能力和实践能力。

基于对博研教育的认可，我本人也报名参与了博研教育的金融哲学班，以及博研教育与法国克莱蒙商学院合作的工商管理博士学位班的学习，当时这两门课程的学费是49.8万元。与华南其他民办企业家教育机构的课程相比，这个费用不算低，但与很多高校EMBA课程的收费相比，这个学费可谓非常实惠、性价比很高了。

在博研教育学习的过程中，我接触到了大量优质的企业家同学，既有创一代，也有大量创二代、创三代，这是一个充满活力、富有创造力的群体，大家的互动交流，尤其是线下交流非常多，我收获了很多友情，这是在其他很多教育机构无法实现的。就我本人而言，在博研教育学习非常超值。

我们在博研教育学习还有一点非常值得推崇——大家互为老师，相互赋能，比如，我在这里学习，同时讲授"任正非商业哲学"；著名企业家、博研金融哲学班校友、芬尼科技联合创始人宗毅讲授"裂变式创业"的课程，等等。

基于上述学习模式，我相信这套华为"商业哲学"的内容会不断完善、课程体系也会不断优化，不但赋能给博研教育的企业家同学，还可以赋能给全国乃至世界更多国家和地区的企业家。

我们希望各位读者朋友也参与到这个项目中来，您的任何建议、意见，可以随时反馈给我们（助理联系方式：15013869070），在此表示诚挚感谢！

程东升
2023年9月

华为 商业哲学书系

本书序 ▶ FOREWORD VI

任正非的学习哲学

程东升 / 文

2011年9月24日，被誉为日本"经营之圣"的稻盛和夫莅临广州，与约2000位中日企业家交流，分享其"敬天爱人"的经营哲学和独特的"阿米巴经营"模式。稻盛和夫说："我不是来布道的，我只是希望帮助那些迷失了企业经营与人生方向的中国企业家，为他们指出一条可行之路。"

26日上午，稻盛和夫被请到深圳，参加了一个私密交流活动。

将稻盛和夫请到深圳的是华为公司总裁任正非。

尽管创建华为以来任正非一直很低调，几乎从不与任何国内的企业家交流，但向世界最优秀的企业家学习，是任正非的一贯做法，只是任正非对拜访、学习的企业家非常挑剔。至今，任正非只拜访过寥寥几位全球著名企业家，如1997年前后去美国拜访时任IBM董事长郭士纳等。

稻盛和夫欣然接受任正非的邀请，是因为他比较欣赏任正非和华为公司。

任正非拜会稻盛和夫

"中国企业里，我最欣赏华为公司。华为总裁任正非的思想，已经超越了企业经营管理的范畴，成为一种人生哲学。"

2011年9月25日下午，在广州白云国际会议中心贵宾厅，面对笔者，稻盛和夫这样回答。

稻盛和夫承认，他对中国企业了解得不多，但他知道华为，知道任正非。

稻盛和夫说："华为的老总（任正非）曾到日本访问过，并读过我的书，也赞同我的想法，我们也进行过沟通。华为的业绩十分出色，是一家很不错的公司，最重要的是，它的老总的哲学思想我也十分认同。"

2011年，稻盛和夫79岁，任正非67岁，稻盛和夫刚好比任正非大了12岁。稻盛和夫与任正非有很多相似之处。首先，两人的童年都非常困窘，这让他们有了交流的基础。其次，两人都在逆境中学会了坚忍、学会了永不服输。

创立华为之后，在华为一无知名度、二无资金、随时有可能倒闭的情况下，任正非提出"屡败屡战"，鼓励华为人进行艰苦卓绝的工作。正是这种永不服输、生命不息、战斗不止的精神，让任正非最终取得了成功。

现在任正非经营的华为公司已经位列世界500强，成为仅次于爱立信的世界第二大电信设备供应商。在成就面前，任正非并没有故步自封，而是放眼世界，向世界优秀的公司学习。以前任正非学习IBM，采用强穿"美国鞋"的办法。任正非说："在管理改进和学习西方先进管理方面，我们的方针是'削足适履'，对系统先僵化、后优化、再固化。"1997年，任正非亲自去美国拜访IBM董事长郭士纳，并成功引进西方管理模式。现在任正非要学习日本的稻盛和夫，想要消化创新产生一个华为的管理版本。任正非试图通过解构和建构一些独立核算的组织，让华为四大主营业务（电信运营商、终端消费者、企业和其他业务）持续成长，让华为成为一家伟大的公司。

在任正非看来，自己并没有比别人聪明多少，到了不惑之年才组建华为公司，又经过20多年，华为公司才跃居世界500强。而日本稻盛和夫经营了两家世界500强企业，一家是京瓷公司，一家是KDDI（第二电信）。更令人折服的是，他于2010年2月以70多岁的高龄毅然接手申请破产保护的日航公司，仅用一年多的时间就让这家公司扭亏为盈，实现净利润88亿日元。

2011年，任正非67岁，在稻盛和夫面前，任正非像学生一样保持着强烈的求知欲，学习稻盛和夫的经营哲学，并努力在华为的土壤中植入类似"阿米巴经营"的模式。

相通的管理理念

在2011年9月的广州报告会中，稻盛和夫谈及"阿米巴经营"模式的三个目的和实际运用需要注意的问题。阿米巴是一种单细胞的变形虫，它能适应环境变化迅速繁殖和收缩细胞组织。变形虫灵活易变的特性启发了稻盛和夫。稻盛和夫在京瓷公司独创了一套组织管理机制——阿米巴经营，它将公司组织分为一个个的"阿米巴"小集体，每个小集体就像一家家中小企业，独立核算、分担风险。京瓷公司有1000多个"阿米巴"。这样的组织划分最大限度地释放了员工的现场创造力，把大公司的规模和小公司的好处统揽于一身。

在报告会上，稻盛和夫说："阿米巴经营有如下三个目的：第一，确立与市场直接挂钩的分部门的核算制度。第二，培养具有经营者意识的人才。第三，实现以经营哲学为基础的全员参与的经营。"在稻盛和夫看来，如何分割组织、制造"阿米巴"是成功经营的关键。企业家在划分"阿米巴"时，一定要确保该组织成为一个能独立完成目标的事业中心，而且能够贯彻公司原本的整体目标。

稻盛和夫的"阿米巴经营"模式与华为的经营模式有什么相通之处呢？在华为公司，任正非按业务划分多个事业部（如华为移动终端部、华为通信部、华为企业部），每个事业部都实现独立核算、自主经营。华为在全球各地还有众多已经实现独立核算的分公司，如华为广州分公司、华为慧通子公司、华为北京分公司、华为重庆分公司、华为东莞分公司、华为西安分公司、华为成都分公司、华为济南分公司、华为美国分公司、华为罗马尼亚分公司、华为俄罗斯公司、华为印度公司等。这些事业部和分公司通过《华为基本法》实现公司原本的整体目标。在《华为基本法》第一条中，任正非指明了华为的产业目标。任正非说："为了使华为成为世界一流的设备供应商，我们将永不进入信息服务业。"

任正非提出的"工程商人"的概念，实际上就是稻盛和夫所说的培养具有经营者意识的人才。任正非说："华为没有院士，只有院士。

要想成为院士，就不要来华为。""院士"，即任正非所说的"工程商人"，这种"工程商人"既懂技术又懂营销。

2011年12月，任正非在撰写的内部文章《一江春水向东流》中，谈及全员参与的经营具体做法。任正非说："我创建公司时设计了员工持股制度，通过利益分享，团结起员工，那时我还不懂期权制度，更不知道西方在这方面很发达，有多种形式的激励机制。仅凭自己过去的人生挫折，感悟到与员工分担责任，分享利益。创立之初，我与我父亲相商过这种做法，结果得到他的大力支持，他在20世纪30年代学过经济学。这种无意中插的花，竟然今天开放到如此鲜艳，成就华为的大事业。"华为的员工持股制度，让员工从打工者身份转变为企业的主人，这是实现全员参与经营的关键所在。

任正非在发展独立核算事业部、培养"工程商人"和推行员工持股制度等方面的做法，与稻盛和夫的"阿米巴经营"模式有很多相通之处。

相似的人生经历

稻盛和夫与任正非管理理念的相通，源于相同的人生经历。经过比对，我们发现稻盛和夫与任正非的人生经历有很多相似之处：两人的童年都非常困窘，而且都与科研沾边儿，都主张艰苦奋斗。稻盛和夫在小学、中学和大学的成绩都很一般，并非什么优等生。稻盛和夫上中学的时候，正值日本在第二次世界大战中战败，由于美军的空袭，稻盛和夫所住的小镇被焚毁，他家所住的房子也被烧掉了。一连多日，稻盛和夫全家都没有食物充饥，只能挤住在简易房里面。

战败国困苦的环境激发了稻盛和夫努力拼搏的斗志。稻盛和夫说：

"（那个时候我就暗下决心）要在逆境中生存，我就想无论如何我不能服输，要拼命努力。正是因为有了孩子王这样的性格，我想我才能做到这样。正是这种逆境使我变得更坚强，也是我成功的一个重要的原因。"

任正非的童年更是在饥寒交迫中度过，在他的名篇《我的父亲母亲》一文里，任正非回忆了自己的父母是如何省吃俭用养活几个孩子。当时粮食紧缺，任父执行严格的食物分配方法，保证每个孩子都有吃的，都能活下去。任正非说："我与父母相处的青少年时代，印象最深的就是度过三年困难时期。今天想来还历历在目。我那时十四五岁，是老大，其他弟妹一个比一个小，而且不懂事。爸爸有时还有机会参加会议适当改善一下生活。而妈妈那么卑微，不仅要同别的人一样工作，还要负担七个孩子的培养、生活。煮饭、洗衣、修煤灶……什么都干，消耗这么大，自己却从不多吃一口。我们家当时是每餐实行严格分饭制，控制所有人欲望的配给制，保证人人都能活下来。如果不这样，总会有一两个弟妹活不到今天。"在国家建设初期，社会大灾荒让任正非真正理解了活下去的意义，如果不与命运抗争，不依靠自己的艰苦奋斗，将不会有出头之日。

说到科研，任正非和稻盛和夫两人都是先做科研，再通过组织的力量实现事业的腾飞。任正非生于1944年，毕业于重庆建筑工程学院（现已并入重庆大学），之后进入某军工企业。后来，任正非从部队转业，到深圳谋求发展，当时任正非还想做科研，不过很快他就意识到单纯一个人做科研，是无法赶上时代的变化的，只有发挥团队的力量，才能做成大事。

任正非说："我刚来深圳时还准备从事技术工作，或者搞点科研，如果我选择这条路，早已被时代抛在垃圾堆里了。我后来明白，一个人不管如何努力，永远也赶不上时代的步伐，更何况知识爆炸的时代。只有组织起数十人、数百人、数千人一同奋斗，你站在这上面，才摸得到时代的脚。我转而去创建华为时，不再是自己去做专家，而是做组织者。在时代前面，我越来越不懂技术、越来越不懂财务、半懂不懂管理，如果不能民主地善待团体，充分发挥各路英雄的作用，我将一事无成。"现在，任正非经管的华为公司已经发展到十几万员工，有近一半的人从事科研活动，可见组织的力量是强大的。

稻盛和夫大学毕业后，与其他同学来到松风公司参加工作，不过该公司连年亏损，连员工工资都付不出，常常拖延一个星期，甚至两个星期，工会经常组织员工与公司管理层进行各种各样的斗争。在这种情况下，稻盛和夫依然潜心做科研，他提出采用镁橄榄石瓷，这种瓷介质损耗低，随频率的变化小，体积电阻高，是高频绝缘材料的首选，但是如何成型是工艺难点。在一年的时间里，稻盛和夫日思夜想，连做梦都想着如何做实验。有一天，稻盛和夫在无意中受到粘在鞋上的松香启发，灵机一动，就以松香为成型黏合剂，最终实验获得了圆满成功，制造出了色彩鲜艳的镁橄榄石瓷。镁橄榄石瓷的研发成功，让松风公司的经营渐好。不过松风公司的大家族政治容不得稻盛和夫这个外来者。稻盛和夫只好出来自己创办京瓷公司。

在公司成立之初，稻盛和夫根本不懂得如何管理。稻盛和夫说："在京瓷成立之初，准备工作该如何进行，我一无所知。从创业后的第一个月开始，虽然只有28名员工，但要向他们支付工资、奖金。资金的周转应该如何运作，我也摸不着头脑。产品唯一的客户是松下电子工业，我忙于去交货，忙于收取货款……作为经营者，我对此烦恼不已。"当时，稻盛和夫既是管理者，又是技术员，还要到各厂家争取订单。人的精力毕竟有限，一旦决策失误，这家小企业就有倾覆的危险。后来，稻盛和夫从阿米巴的裂变中获得启示，在京瓷公司划分了很多个独立核算的小组织，在解放自己的同时，也让公司获得了迅猛发展。

艰苦奋斗

创业苦旅中，华为的企业文化，被具象化为"床垫文化"，累了就躺在床垫上思考，捕捉灵感，稍事休息后，又"一骨碌"爬起来从刚才的"断点"开始工作。

早期的华为，加班是大面积和普遍的，床垫有形状、颜色、大小之分，但是加班惯例没有区分。在全球化发展中，华为早已把"床垫文化"带到了全球业务所在的每个角落。

任正非作为华为的"精神领袖"，强调华为人要始终保持艰苦奋斗，进行一个又一个的"长征"。所以，华为人不得不乘着一个用"床垫"做成的独木舟，实现"激流勇进"。

稻盛和夫与任正非都主张永远艰苦奋斗。稻盛和夫曾提出一个重大命题："何为人一生的目的？"也就是，人为什么而活。他指出，不管你多么有钱、多么有权、多么有影响力，当你离开这个世界的时候，一切将离开你。生老病死是人生的核心组成部分，人生不是一场盛宴，而是一场修炼。人生的唯一目的就是修炼灵魂，使其在谢幕之时，比开幕之初，高尚一点点。稻盛和夫说，这是人生的唯一目的。要笑对人生，要笑着离开这个世界。因此，企业经营的每一天，就是修炼的每一日。

稻盛和夫还说："弄明白了人生的目的，才能弄明白做企业的目的。"在刚开始创业的时候，追求金钱以使企业生存、自己的生活过得好，这是对的，但如果把企业的最终目的归结为单纯地追求物质利益，那是错误的。因此，在稻盛和夫看来，"每次面对你犯错误的员工，面对你的客户，面对你的领导，面对和你有矛盾的同事，每一次都修炼一次，每一次去问作为人这样做对吗？作为君子应该这样去做吗？这就是修炼"。

稻盛和夫提倡在企业里艰苦奋斗，实现自利利他。自利利他，是指佛教所称修身的最终目的，是完成自他二利，人人成佛，借指对己对人都有好处。稻盛和夫指出，企业不是成就个人的地方，根本意义上是在成就大家，为了成就他人、成就自己，首先成就员工，让员工成就客户，客户再成就你的投资者。作为企业家，哪怕去打造一小块商界的净土，也是修炼成功的一大标志。

任正非也提出了类似的观点。他指出："我们会不断改善物质条件，但是艰苦奋斗的工作作风不可忘记。"

任正非还说："虽然我们在销售额上每年都会新上一个台阶，但利润越来越低。除了显性竞争外，时常有隐性竞争让人防不胜防，面对如此严酷的环境，我们的队伍却越来越新，多种意识和声音混杂在我们的团队中，分散了我们的注意力；我们的规模也越来越庞大，管理难度和跨度大大增加，当年的小分队运作方式已不再适应我们现今的队列操作……但逆水行舟，不进则退，是生存还是毁灭？看起来很玄的问题已经实实在在地摆在我们的面前。我们怎么办才能在新形势下摆脱困境求得生存？唯有保持艰苦奋斗的精神，做到自我清零，再次开始新的长征，才能让我们获得继续生存的可能。"

草创之初，华为以代销为生，任正非做了几年，发现代销门槛低，市场准入者越来越多，竞争十分激烈。代销公司很难长久存活，于是任正非想到了研发交换机。当时，任正非提出"没有研发，就没有销售"的研发口号。在一穷二白的条件下做研发，没有艰苦奋斗的精神是做不到的。

任正非说："华为研发部从五六个开发人员开始，在没有资源、没有条件的情况下，秉承六十年代'两弹一星'艰苦奋斗的精神，以忘我工作、拼搏奉献的老一辈科技工作者为榜样，以勤补拙，刻苦攻关，夜以继日地钻研技术方案，开发、验证、测试产品设备……"

1992年，在任正非的带领下，华为开始进行交换机技术研发。经过一年的奋斗，华为自主研发的第一款产品局用交换机（命名为JK1000）成功问世。现在，华为公司平均每天诞生6件专利成果，每年专利申请数高达2000件左右，这些是广大华为员工艰苦奋斗的结果，也是华为事业发展的基石。

任正非强调，华为人不仅要在身体上艰苦奋斗，还要在思想上艰苦奋斗，善于进行自我批评、总结和学习，才能在管理上超越别人。

任正非说："在这个世界上，除了懒汉、二流子，90%的人都在身体上艰苦奋斗，吃大苦耐大劳是人们容易理解的。但什么人在思想上艰苦奋斗呢？并不为多数人所理解。科学家、企业家、政治家、种田能手、养猪状元、善于经营的个体户、小业主、优秀的工人……他们有些人也许生活比较富裕，但并不意味着他们不艰苦奋斗。他们不断地总结经验，不断地向他人学习，无论何时何地都能进行自我修正与自我批评，每日三省吾身，从中找到适合他前进的思想、方法，从而有所发明、有所创造、有所前进。我们永远强调在思想上艰苦奋斗。思想上艰苦奋斗与身体上艰苦奋斗的不同点在于：思想上艰苦奋斗是勤于动脑，身体上的艰苦奋斗只是手脚勤快。华为人做任何事都十分认真，而且第一次就把它做好，这种风气已广泛为员工接受。只有在思想上艰苦奋斗，才会在管理上赶上日本。"

2011年，任正非拜会"日本经营之圣"稻盛和夫，两人进行了深入沟通，这也是思想上艰苦奋斗的表现之一。通过不断地向他人学习，以及一点一滴的改进与修正，华为最终成为一家充满活力和魅力的公司。

任正非曾是一个严重的忧郁症、焦虑症患者，后来，在医生的帮助下，加上他自己的乐观态度，病完全治好了。任正非在信件中公开承认自己的这段历史，以亲身经历鼓励华为人。

作为华为的缔造者，任正非深刻地理解并亲身践行了创业者的艰辛。任正非小时候的苦难经历是很多华为员工没有体验过的。创业之后，任正非很少有时间照顾父母。远在云南的妈妈，经常给任正非邮寄他最喜欢吃的鱼腥草、山野菜、腊肠……但是，为了华为的事业，任正非没有更多时间照顾父母，为此任正非一直非常内疚。

任正非曾经自我贬评说：我把全部精力献给了工作，忘了父母的安危，实际上是一个不称职的儿子。

2001年，任正非到日本考察，在一个酒吧里巧遇一群出门旅游的日本退休老人，他们为任正非一行热情地演唱了《拉网小调》，日本老人的乐观、热情、无忧无虑，感染了任正非，任正非也情不自禁地与他们同唱北海道民歌《北国之春》。这是一首歌颂创业者和奋斗者的创业之歌，说的是一个青年为了事业背井离乡，但是无论他走多远，妈妈时时刻刻都在关怀着他，在春天已经来临时，妈妈还给他邮去棉衣御严冬。但这首写给创业者的颂歌，后来被误读成了一首情歌。

《北国之春》中文版歌词中，有几段最能激起人们的斗志和希望：

"妈妈犹在寄来包裹，送来寒衣御严冬。残雪消融，溪流淙淙，独木桥自横，嫩芽初上落叶松，北国的春天啊，北国的春天已来临……"这种为亲情而奋斗的精神，在刘欢的金曲《从头再来》中也有所体现，里面是这样表达的："为了我挚爱的亲人，再苦再难也要坚强，只为了那些期待眼神，心若在梦就在……"

《北国之春》的优美旋律和动情歌词让任正非想到，每一个华为人不断进取的原动力都来自家国精神，为了至爱的亲人，为了国家的荣誉，华为人需要作出一定的牺牲，还要有亲人的无私奉献。华为人生活、工作的原动力，首先来自妈妈御寒的冬衣，来自沉默寡言的父兄，故乡的水车、小屋、独木桥，还有曾经爱过你但已分别的姑娘……父母亲人用自己坚硬的脊梁，为儿女搭起了人生和事业的第一个台阶。华为的成功离不开无数华为人家人的默默支持和奉献。任正非呼吁华为人，千万别忘记报答家人和所有支持华为的人。

基于上述理念，在多次会议上，任正非都大声疾呼：

任何时候、任何处境都不要对生活失去信心。唯有艰苦奋斗，才会有益于社会。

为鼓励华为人艰苦奋斗，任正非还给华为人讲了欧洲传教士到非洲传教的故事：

三百年前，欧洲的传教士们到非洲，假定说去了一百个人，从欧洲的海岸千难万险到达非洲海岸时，可能就剩下五十人，这五十人登上陆地，走进森林，再走出森林，可能就剩下二十个人，这二十个人可能有十八个人、十九个人对现实困境绝望，所以，要重返欧洲，重返英伦。结果重返的过程中可能又死掉了一大半,留下的那一个人就在非洲建教堂,一砖一瓦地建教堂。

任正非说:这种精神就是清教徒执着的奋斗精神。任何种族、任何民族,懒惰的民族和懒惰的组织都是没有前途的。

艰苦奋斗精神,是华为文化的重要内容之一。

唯有文化,才会生生不息

企业文化表现为企业一系列的基本价值判断和价值主张。企业文化不是宣传口号,它必须根植于企业的组织、流程、制度、政策、员工的思维模式和行为模式。多年来,华为一直强调:一切工业产品都是人类智慧创造的。资源是会枯竭的,唯有文化才会生生不息。

在《华为基本法》起草者之一吴春波教授看来:"过去华为讲奉献、讲床垫文化、讲营销、讲狼文化、讲内部、讲服务文化,所有的这些表现,最后都会找到一个企业文化的核心,这个核心就是高绩效文化。"他认为,每一种文化就好比一个墙脚,都有一个墙面,对着的都是高绩效,高绩效能够支撑企业的持续发展,给客户带来价值,给企业带来利润,给员工带来好处。

华为文化的特征是全心全意为客户服务的高绩效文化,高绩效是华为内部自身评估的标准;全心全意的服务则是华为面对用户的评估标准。

管理机制由组织、岗位职责及管理制度和规范等构成,脱胎于企业文化,又是在企业文化基础之上构建的。华为的管理机制是靠文化来推动的,文化是华为公司管理机制产生效力的润滑剂。各级管理者都必须认同华为企业文化,并科学灵活地运用文化建设来推动、改善华为管理。

任正非认为：

当一个中高层管理者，脱离华为文化背景去抓组织建设、制度建设和文化建设时，就是搞山头主义，在华为管理机制中形成逆向反馈，妨碍华为事业的发展。

当一个中高层管理者，以华为公司核心价值观去营造部门文化，去抓组织建设和制度建设时，就能推动华为事业的发展，这样的管理者就是焦裕禄式的合格的管理者。

不认同华为价值评价体系、没有责任心、劳动态度不好的员工，将不能在华为公司工作。

欢迎员工在深刻理解的基础上，创造性地发展与丰富我们的企业文化，科学地、准确地、更加细致地完善我们的价值评价体系。

在任正非看来，是否认同华为文化，是区别华为普通员工与领导的一大原则。任正非有句很经典的话：

只有高度认同华为企业文化的人，才是华为的同路人，才能被提拔为华为的高级干部；不认同华为企业文化的人，华为也可以招用，但不能委以重任。无论从事技术、管理、业务……我们都是一个目的。因此，华为文化是我们认同的基础。一个不认同华为文化的员工，是很难在华为工作的，处处评价都受挫。

华为的管理制度和规范是在华为文化中酝酿而成的，任何管理制度和规范的制定都不能脱离华为的文化背景。企业的管理制度和规范不可能千篇一律，也不可能照搬其他企业。《华为基本法》的起草、讨论、定稿，反映了任正非等华为高管的管理思想和认识水平。

华为的企业文化是华为经营管理实践经验的总结，而华为的管理制度和规范是华为文化中相对稳定的、符合华为公司核心价值观的，并可再次通过实践检验为正确的东西。这些东西用条文的形式固定下来，通过试行在员工中达成共识后，经过正式签发和颁布，为员工共同遵守。

华为公司的管理制度和规范已摆脱生搬硬套的形而上学管理模式，走上了在自身文化氛围中借鉴成功企业先进经验来酝酿和构建具有华为特色的管理模式和管理制度规范的道路。

全球化发展战略和面临的挑战，要求华为的干部首先要具备好的品德，以及高度的责任心、使命感和敬业精神，认同并能有效实践华为的核心价值观和企业文化。这对于一个企业的稳定和发展极其重要，也是在企业发展最关键的时候，大家会不会同心同德、众志成城的保证：

只有选择了一批同路人并成为公司价值观与文化的传承者和发展者，华为才可以保持自己的凝聚力和战斗力。

前面我们回顾了任正非的部分观点，以及任正非与稻盛和夫相近的一些观点。考察任正非的管理理念，我们还可以发现，任正非的很多想法与美国IBM前董事长郭士纳的观点也非常接近。

任正非与郭士纳

思想永远是行动的导师，唯有思想创新，才能实现商业变革。

任正非一直努力将中国的传统文化与西方先进的管理思想结合，

以西方文化提升中国的传统文化，形成华为独特的管理体系和企业文化。

1997年，任正非前往美国的IBM公司取经。圣诞节前夕，任正非先后访问了美国休斯公司、IBM公司、贝尔实验室和惠普公司。IBM副总裁送任正非一本哈佛大学出版的关于大项目管理的书，后来，华为又买了几百本该书，发给公司干部学习。在IBM，任正非整整听了一天的介绍，详细了解了IBM项目管理、从预研管理到寿命终结、投资评审、综合管理、结构性项目开发、决策模型、筛选管理、异步开发、部门交叉职能分组、经理角色、资源流程管理、评分模型等新鲜的管理名词及其内涵。

这次考察和学习，让任正非的思路一下子打开了。

那天，任正非听得津津有味，认真地做笔记，如同一个谦逊的小学生，从早上一直到傍晚，身体不好的他竟然一点儿也没有觉得累。

圣诞节当晚，美国纽约万家灯火，处处洋溢着喜庆的节日气氛。访问美国的任正非一行人却在一家小旅馆里，就着壁炉开工作会议，消化访问期间的笔记，整理出了一叠厚厚的简报。

任正非后来自述"我对IBM的管理模型十分欣赏"，但考察结束后，他发现，朗讯也是这么管理的，这些先进的管理方法都源自美国哈佛大学等著名大学的一些管理著述。返回华为后，任正非和公司高层进行了长达两天的研讨，并印发了100多页的简报，在华为内部激起了新的改革火花。

实践证明，郭士纳改革的最大功绩就是将IBM由硬件制造商成功地转型为一家服务型公司。IBM的成功，就是技术领先、客户满意和规模优势。华为在技术领先、规模优势方面做得比较好，在客户满意方面，还需要提升。

对IBM考察学习和消化之后，任正非试图将华为从硬件制造公司转型为服务型公司。

任正非去IBM访问的时候，作为首位非IBM内部晋升的CEO，郭士纳已经在IBM的这个位置工作了4年多。1993年，51岁的郭士纳接手的时候，IBM累计亏损高达160亿美元，美国媒体称IBM"一只脚已经迈进了坟墓"。临危受命的郭士纳并不被看好：一是IBM已经病入膏肓，神医也难以使之起死回生；二是对于IT技术，郭士纳完全是个门外汉。

郭士纳在IBM提出了四项主张：保持技术领先；以客户的价值观为导向，按对象组建营销部门，针对不同行业提供全套解决方案；强化服务，追求客户满意度；集中精力在网络类电子商务产品上发挥IBM的规模优势。最后一条是针对1992年IBM面临着解体为7个公司的情况而说的。规模是优势，规模优势的基础是管理。

一番艰苦卓绝的改革之后，郭士纳在IBM创造了一个新的奇迹：1993年，IBM的营业收入是627亿美元，当年净收入是–81亿美元，摊薄后每股收益是–3.55美元，股东权益回报是–35.2美元，股价（1993年12月31日）跌到了13.98美元；上述数字在1997年分别变成了785亿美元、61亿美元、3.00美元、29.7美元、51.76美元。郭士纳成功带领IBM走出了困境。

2002年，郭士纳卸任的时候，IBM已经成功完成了转型，跃进了一个新的发展时期。当然，这些都是后话了。

任正非1997年之所以访问IBM，郭士纳创造的神话和个人魅力显然是个重要因素。任正非后来曾说起他那次访问IBM的目的：长期处于胜利状态的 IBM，一度因冗员、官僚主义严重而困难重重。聪明人十分多，主意十分多，产品线又多又长，集中不了投资优势，又以年度作计划，反应速度不快——管理的混乱，几乎令 IBM 解体。华为会不会也因为盲目乐观而困难重重呢？"我们只有认真向这些大公司学习，才会使自己少走弯路，少交学费。这些经验是 IBM 付出了数十亿美元的直接代价总结出来的，他们经历的痛苦是人类的宝贵财富。"

经过访问，任正非对 IBM 这样一个庞然大物管理制度的规范、灵活、响应速度等均有了新的认识。IBM 的经验给了他新的启发，他说："华为的官僚化虽还不重，但是苗头已经不少。企业缩小规模就会失去竞争力，扩大规模，不能有效管理，又面临死亡。管理是内部因素，是可以努力的。规模小面对的都是外部因素，是客观规律，是难以以人的意志为转移的，它必然抗不住风暴。"

任正非指出，华为"只有加强管理与服务，在这条不归路上，才有生存的基础。这就是华为要走规模化、搞活内部动力机制、加强管理与服务的战略出发点。在扩张的过程中，管理不善也是非常严重的问题，华为一直想了解世界大公司是如何管理的，有幸 IBM 给了我们真诚的介绍"。

1997 年，任正非 53 岁，郭士纳 55 岁，任正非带领的是年销售额 40 亿元、拥有近 6000 名员工、快速扩张的 IT 业后起之秀；郭士纳带领的则是年销售额 600 多亿美元、拥有 269000 多名员工的 IT 业巨头。与庞大的 IBM 相比，当时的华为显然还是一个无足轻重的小公司。任正非坚信，华为有一天也会如 IBM 般强大，但前提是华为要将 IBM 的管理精髓成功移植过去。

郭士纳在 IBM 进行了很多革命性的变革，颠覆了很多 IBM 固有的但已经僵化、落伍了的管理规范和企业文化。比如，20世纪60年代创立之后，IBM一直强调员工的福利，其为员工提供的养老金、医疗福利、终身就业的承诺及优越的教育机会等，在美国没有第二家公司可以媲美，这种制度给了员工很强的归属感，并使IBM获得了巨大成功。但这种过于强调平等、共享而不是以绩效为导向的分配制度，到了20世纪90年代则成为IBM陷入困境的重要因素之一。郭士纳以强硬手段废除了IBM的家长式福利工资制度，建立了以股权和浮动工资为核心的新的工资体系。这个改革显然对任正非触动很大，任正非此后明确指出，华为的薪酬制度不能倒向福利制度，其目的也是希望华为内部一直保持竞争态势，永远充满活力。

郭士纳是一个极端低调而固执的人。他在IBM任职的9年里，备受媒体攻击的一件事就是不与媒体合作，而他的一些竞争对手则"一看到电视台的摄像机或记者手中的采访本，就会走不动路"。一个技术贸易领域报纸的记者甚至公开指责："当我给比尔·盖茨打电话时，他会亲自接电话；为什么郭士纳就不能呢？"

在郭士纳看来，专心于IBM的管理要比向媒体公开发表言论重要，他认为："说得少和做得好，要优于说得好而做得少"，"在媒体面前说得越少越好"。作为一家上市公司的CEO，郭士纳不可能不面对媒体，但是他坚持每年只接受两家主要媒体的两次采访。

郭士纳的这种低调作风与任正非极其相似。不过，任正非更为甚之，干脆从不接受媒体的采访。这一点很难说是受郭士纳的影响，因为自1988年创业时起，任正非就低调如此，但郭士纳的低调作风，肯定强化了任正非的低调原则。

1994年，郭士纳在IBM发起了重大变革，对IBM的价值观进行了解构，建立了以客户为导向的学习型组织。这些新的价值理念包括：从公司自行推出新产品，转变为根据客户的要求生产；从按照公司的方式行事转变为以客户的方式行事；从以道德式管理为主，转变到成功导向型管理；从将决策建立在神话的基础上，转变为建立在事实和数据的基础上；从以关系为导向，转变为以绩效和标准为导向；从对人不对事，转变为对事不对人；从只注重个人价值，转变为注重"我们"的价值，即集体主义；从平衡式资金投入，转变为资金有重点地投入。

1993年，郭士纳来到伤痕累累的IBM，看到了在"以技术和产品为主导"的魔棒指挥下，IBM已经严重与市场脱节。他在自己的笔记本上写下了这样一句话："这是一件严重的事，我必须告诉所有的高级主管，要学会以用户的需求作为判断的依据。"具有钢铁意志的郭士纳，终于在IBM树立了"以用户为导向"的企业文化。这种文化，是IBM推出每一个重要决策的最原始依据。显然，任正非吸取了IBM"以技术和产品为主导"的教训，华为虽然每年投入巨资进行技术研发，但是，在重视技术开发的同时，任正非坚决反对盲目的技术领先，他反复强调，技术开发必须从客户的需求出发，而不能在实验室中盲目地搞什么领先技术。

研究华为的管理、文化，我们可以清晰地发现，任正非对郭士纳的管理思想显然是赞赏并积极借鉴的。

任正非在华为构建的管理模式和企业文化，有相当一部分与郭士纳1994年在IBM倡导的接近，比如提倡集体主义、对事不对人、业绩考核以绩效为导向、华为存在的唯一目的是为客户服务，均带有明显的郭士纳时代的IBM的烙印。

在集成开发（Integrated Product Development，IPD）动员大会上，任正非指出："世界上还有非常多好的管理，但是我们不能什么都学……因为这个往这边管，那个往那边管，综合起来就抵消为零。所以我们只向一个顾问学习，只学习IBM。"

1998年，华为斥资千万美元请IBM进行流程再造，就是希望能嫁接IBM的管理。在题为"持续提高人均效益，建设高绩效企业文化"的发言中，任正非告诫华为的干部们：我们的一切是为了满足客户需要，我们的流程和组织就要围绕这个目的来建设。管理干部的配置是以能满足服务和监控所需的基本数量为基础，过大的配置会造成资源浪费，而且由于责任不清，反而会降低效率。

据此，我们可以看出，在学习IBM管理的过程中，任正非已经把满足客户需要提升到了一个新的高度。

在郭士纳改革之前，IBM分布在全世界160个国家和地区的子公司就是"小而全"的小型公司。它们是服务于当地客户的独立个体。经过改革，IBM公司以客户的价值观为导向，强化服务水平。IBM公司在巴西、中国和印度等低成本国家聘用了几万名员工，组建全球服务配送中心，在这里，IBM员工为客户提供各种各样的服务，如软件编程、数据中心运营、技术支持呼叫中心、金融财会和津贴管理等。

这种服务理念，就是要提升总部的全球化服务水平，而不是让海外公司去单打独斗。

郭士纳显然对华为也非常感兴趣，他在访华期间，曾专门参观、考察了华为公司。

郭士纳受命于危难之时，拯救IBM于分裂边缘，并再造了IBM辉煌。

信息产业领域的企业必须规模化，必须缩短新产品的投入时间，但是，几万人的公司又很容易官僚化。郭士纳在美国运通形成的服务全球、配送美国的科技理念是逼出来的，是在巨亏中总结出来的，也经受住了信息产业无数次的市场考验。

任正非一直有着很强的危机意识，时刻提醒华为人"危机就在眼前"，他特别尊重华为的老师——IBM。IBM的管理者值得尊敬，其经营管理理念也有很高的学习价值。

任正非说：

越来越多的科技英雄的涌现与消亡，都对推动美国的科技进步作出了贡献。美国占领了世界60%的电子市场，我们不能不对那些在信息潮流中不断昙花一现的英雄，给予崇高的敬仰。信息潮的变幻莫测，快速的演变，使一批一批的大企业陷入困境，以致消亡；一批批的小企业，成长为参天大树，大树又遭雷劈。不断地生，不断地亡，这是信息产业的特点。华为由于幼稚不幸进入了信息产业，后退就是死亡，被逼上了不归路。创业者及继承者都在销蚀健康，为企业生存与发展而顽强奋斗。

纵观美国信息产业的兴亡史，令人胆战心惊。五百年春秋战国如果缩到一天内进行，谁是英雄？巨大的信息潮，潮起潮落，随着网络技术与处理技术的进步，新陈代谢的速度会越来越快。因此很难再有盖棺论定的英雄。任何过路的豪杰都会对信息业的发展给以推动，我们应尊重他们、学习他们、批判地继承他们。

由于环境的变化和产业的升级，任正非也强调要批判地继承。任正非学习的最大成果就是进行动态成长管理。在任正非看来，华为要获得快速成长必须以领先的技术服务客户。

任正非告诫华为人：只有经过几死几生还继续活着的企业，才算是真正的成功，而华为的发展显然还是太顺利了，还不能说是真正的成功。

华为学得会

到 2023 年，我关注、研究华为已经 24 年了，而华为也成立 36 年了。

今天的华为已经成为众多企业学习的对象，任正非的经营管理理念也深刻地影响着中国的企业家们。

想当年，我们出版第一本有关华为的图书的时候，国内关于华为的图书还很少。近些年，有关华为和任正非的图书大量出版，学习华为的各种课程也不断涌现。尽管鱼龙混杂，不乏徒有其表者，但也有很多真正理解了华为和任正非的某些理念，而且进行过大量成功实践的老师，他们出版的有关华为和任正非的图书、开设的课程等非常有价值，且指导很多企业取得了巨大成功。比如，华为前海外区域副总裁范厚华，带领传世智慧同人，将华为的管理理念、模式赋能很多企业，帮助汇川技术等取得了长足发展。还有我的另外一位师长——曾担任华为副总裁的胡红卫先生，其创立的汉捷咨询等公司，协助国内众多企业取得了显著成就。

显然，华为与任正非的管理理念、方法，在指导企业实践方面获得了成功。这充分证明，华为和任正非的成功经验是可以被复制、被学习的，但这种复制和学习并不等于简单的照搬。

我记得我大学刚毕业的时候，国内流行的企业管理书籍以欧美和日本的居多，如有关卡耐基、松下幸之助等人的。这也难怪，中国的改革开放从1978年才起步，中国企业家们的经营实践都还很短暂。没有充分的成长，没有丰富的实践，没有显著的成功，何谈管理理念和管理方法？

改革开放四十年后的今天，中国出现了大量优秀企业。在这一过程中，中国企业也逐步沉淀了一些自己的经营管理理念、方法。当然，如华为一样，这些管理理念、方法可能来自对全球优秀企业、杰出企业家的学习、借鉴。不管怎么样，中国企业终于有一批可以学习的中国标杆企业了。

华为就是值得学习的中国标杆企业之一。

我从1999年开始关注华为，不经意间，华为已经成为一家世界级的企业。这当然是我的幸运，也是中国企业界的幸运。

这些年来，我一直在研究、总结、传播华为和任正非的经营管理理念、方法。我将之看作我的责任和义务。

作为长期关注、研究华为和任正非经营管理理念的学者，我不断地积累针对华为的观察、思考，也受邀到很多企业、行业组织、高校、各种论坛交流、讲学。本书是我近年来观察、思考的部分内容。

从某种意义上说，只有任正非最懂华为、最懂自己。

身为一名学者，尤其是没有创立和运营过如华为那么庞大的企业的人，我所谓对华为的研究和观察，不过是雾里看花，仅供各位读者参考。

不过，雾里看花也有一个好处，那就是能够与所研究和观察的对象保持一定的距离，只要我愿意，可以做到相对客观。

未来，我将与我的同事们一起，继续从事华为和任正非管理理念、方法的研究、出版、传播、教学工作。我愿意为中国企业的稳健成长贡献自己的绵薄之力。

欢迎各界友人交流、沟通。

程东升

2023 年 9 月

目录 ▶ CONTENTS

第一章　发展逻辑：在主航道上实施针尖战略　| 001

01	理想主义者任正非	003
02	如何理解任正非说华为的战略假设是不完全正确的	008
03	不要狭隘的自主创新	011
04	专注：坚守一亩三分地	013
05	别那么"互联网冲动"	017
06	市场变革：从国内到国际的扩展	021
07	无边界的技术创新有可能误导公司战略	024
08	按照极端情况备战，建立备胎	027
09	从价格战到价值战	031
10	低端市场也是战略市场	034
11	在主航道上实施针尖战略	038

第二章　竞争逻辑：不把市场做绝　| 041

- 01　不要盲目地争夺什么第一　| 043
- 02　不把市场做绝　| 045
- 03　如果有人拧熄了灯塔，我们怎么航行　| 048
- 04　要相信科技是向善的　| 058
- 05　重大发现不存在知识瓶颈　| 061
- 06　既要敢于领导世界，又要低调合作　| 064

第三章　客户逻辑：自己生产的降落伞自己先跳　| 067

- 01　从广州某中学餐厅的服务提升看如何学习华为　| 069
- 02　苛刻的客户是最好的老师　| 073
- 03　把复杂留给自己，把简单留给客户　| 077
- 04　服务也是一种竞争力　| 081
- 05　协助客户成功才是真的成功　| 084
- 06　自己生产的降落伞自己先跳　| 088

第四章　管理逻辑：反对完美主义　| 091

- 01　拒绝大公司病，管理不能越来越复杂　| 093
- 02　管理改进，反对完美主义　| 096
- 03　将"法"作为治理公司的最高章程　| 099
- 04　自律是最低成本的管理　| 102
- 05　组织变革：华为轮值制度的演变　| 105

| 06 | 华为研发系统炮轰餐厅,为什么被任正非狠批 | 111 |
| 07 | 华为并不完美 | 115 |

第五章　文化逻辑:让听得到炮声的士兵做决策　| 119

01	鼓励说得少做得好	121
02	失败者中也有英雄	124
03	激发组织活力要靠精神文明	127
04	中高层人员必须严格自律	130
05	让听得到炮声的士兵做决策,试点"少将连长"	134
06	1%的希望要付出100%的努力	137
07	我们要的是战士,而不是完美的苍蝇	140
08	垫子文化:奋斗者的剪影	144

第六章　人才逻辑:与奋斗者共享成功　| 149

01	不以资历论英雄,任人唯"亲"	151
02	多劳多得,不让雷锋、焦裕禄吃亏	154
03	内生成长永远是主要的干部路线	157
04	使部下成为英雄,自己成为领袖	160
05	淘汰制是企业最基本的激励方式	163
06	全员持股,与奋斗者共享成功	166
07	精英不仅是金字塔塔尖的一部分	170
08	干部必须来自基层	173

09	将员工的贡献进行细分	176
10	机会均等，能力比资历重要	179
11	企业大学是企业培训的好形式	182
12	战略预备队为组织赋能	187
13	专家可以享受最高待遇	190
14	建设内部人才市场	193

1

第一章　发展逻辑

在主航道上实施针尖战略

HUAWEI

01 理想主义者任正非

2023年满79岁的任正非越来越表现出一个理想主义者的气质。

2019年以来，任正非密集地接受海内外著名媒体的采访，他多次表示，华为的理想是"为全人类提供服务，努力攀登科学高峰"。

任正非在接受英国《经济学人》杂志采访时放话，有意向西方公司出售华为的5G技术，目的是制造一个能在5G上与华为竞争的对手。至于技术是不是可以转让给西方国家，任正非的回答是："可以。不是部分，可以是全部。"

在谈到美国政府针对华为的封杀问题时，任正非反复表示，他相信美国是一个法治国家。任正非还强调，开放、合作、共赢是人类社会发展的主流，是世界发展的大势。

针对外界对华为可能留有"后门"的担忧，任正非说，如果某个组织要求华为留"后门"，他宁愿解散华为，也不会如此做。在任正非的观念里，华为是一家单纯提供技术的商业组织，出售的是"管道"，里面流动的是什么水，华为无权干涉。华为遵守各个国家和地区的法律法规，不参与任何政治问题。华为也禁止任何员工谈论政治。（见任正非接受媒体采访实录2019年1—8月）

任正非带领之下的华为，如同利益纷争之下的一股清流，一直保持着本我。

在任正非的观念里，全球化是大势所趋、是人类社会发展的必然要求。任正非希望全世界的技术专家一起努力，建立起覆盖全人类的通信技术网络，这个网络可以跨越国界，超越政治、种族、宗教……成为真正的技术上的大同世界。华为就是这个大同世界的推动者、实践者。

为此，华为不以利润作为主要追求目标，甚至可以为了人类技术的演进作出很多无偿的奉献。

从某种程度上说，任正非的理想非常远大，超越了种族、政治、国家、民族和宗教……任正非是一个真正的理想主义者，他非常清楚这种理想遭遇的现实问题，但他非常执着、非常理性。

华为CFO（首席财务官）、副董事长孟晚舟被加拿大拘禁期间，作为华为的创始人、孟晚舟的父亲，任正非表现出极大的克制和冷静，从来没有说过一句过激的话，他反对美国的这种做法，但表示"将通过法庭来解决这个问题"。

言外之意，任正非依旧相信法律和制度的公正。

任正非这样说是有理由的。2003年，思科在美国起诉华为，华为在美国进行了反诉，最终双方以和解告终，华为没有败诉。欧美的独立审判制度给了任正非一定的信心。

特朗普可谓美国历届总统中的一个异类，其上任后的诸多激进做法，似乎在引导美国走向某种封闭的道路。

尽管对美国的某些做法不是非常"感冒"，任正非还是很客气地评价，特朗普是一个伟大的总统。

任正非坚信，开放、合作始终是人类社会的主旋律，走回头路只是暂时的。

开放、合作也是华为能走到今天以及走向未来的必由之路。

华为的理念与欧美没有本质上的冲突

在接受《华尔街日报》Josh Chin 的采访时，任正非明确表示：我们

（华为）的治理章程是力图实现分权、共进、制衡，使权力闭合循环，以及在循环中科学更替。

2019年1月，华为完成了170个国家、96768名持股员工的选举，形成新一届权力机构，通过制度交接班，确保华为"以客户为中心、为客户创造价值"的共同价值得到切实的守护与长久的传承。

华为由此分成了几层治理机构，每层治理机构责任聚焦明确，分权制衡，避免权力过于集中或者因不受约束而被滥用。比如，华为由退出董事会、监事会的高层领袖组建了核心精英群体，其主要目的是维护公司长远利益，掌握治理领袖的选拔。华为现在轮值董事长有3位，每个人当值6个月，在当值期间是最高领袖，但最高领袖受"法"的约束。

这个"法"就是华为公司的治理章程，也就是集体民主。轮值董事长有提议权，但要经过3位轮值董事长商议，才能决定该提议是否可以上常务董事会讨论；7个人组成的常务董事会通过的表决，也只能形成提案，交给董事会表决；董事会多数表决通过才能成为文件。董事长代表持股员工代表大会，对常务董事会进行规则管理，常务董事会和董事会的运行必须遵循治理章程的规则。监事会则对董事行为进行监督。

任正非承认，华为的上述治理模式"汲取了欧洲著名管理学家马利克的观点，也吸收了欧洲和世界各国重要百年公司的治理经验"。

其实，从1997年开始，华为就花费巨资请IBM等欧美一流咨询公司协助华为进行管理变革，历经10多年，华为的管理思路、管理模式已经非常欧美化（当然，在企业文化和具体管理方法上，华为还是根植于中国传统文化）。只要是对华为持续商业经营有利的先进的管理工具、管理理念，华为就兼容并包、为我所用。

此时的任正非是一个纯粹的商人。

不以自身利益绑架国家利益

2019年5月下旬，美国宣布对华为进行封杀，并下令多家美国公司停止与华为的合作。国内掀起一股强烈的"爱国主义"浪潮，网络上支持国货、支持华为、抵制美国货的声浪此起彼伏。这些行为和言论可以理解，但是，这很容易上升到一种民粹思潮。

任正非显然看到了这种苗头，于是尽管美国咄咄逼人，在回应美国封杀华为的时候，任正非还是强调，狭隘的民粹不是爱国而是害国，中国的未来在于继续开放，打开的大门不可能再关上。

即使遭遇不公平待遇，华为也不会以自身利益绑架国家利益。在商业竞争中，要尊重商业规律，不能有阶级斗争的思维。这是任正非的一贯原则。

在任正非看来，"中国这个国家唯有开放、唯有改革才能有希望，不能为了华为一家公司，中国不开放"。任正非一直坚持，中国只有更加开放、更加改革，才会更加繁荣。

此时的任正非是一个理性的观察家。

站在全人类的高度思考问题

虽然根植于中国，但华为早已经不是中国的华为，而是世界的华为，人类的华为。

2005年，华为来自海外的营收第一次超过国内，此后，海外市场一直是华为主要的营收来源。目前的华为，服务于全球170个国家和地区的20多亿人口。而华为内部，研发人员的1/3来自全球各地，文化的多元、价值观的多元、种族的多元已经远远超越了狭隘的国界、种族、政治。随着华为在诸多技术领域站到世界之巅，华为承担起了为人类社会的发展探寻新的技术方向、进行革命性研发的重任。

此时的华为，是中国人创办的一家全球性公司，华为是中国的，但又不是中国的，至少不只是中国的，华为是世界的、是人类的。

此时的任正非是站在全人类的高度思考问题。

从更高的角度看问题，就不会极端、不会"一根筋"，而会审时度势，因势利导，甚至会进行适度的"妥协"。

"商业哲学"书系

第一分册《认知赋能》
作者简介

祝朝晖，安徽大学哲学系学士、加拿大韦仕敦大学毅伟商学院工商管理硕士，曾在多家跨国企业任职，行业和职能领域广泛；参与过投资银行和企业创设，曾任多家公司战略及并购顾问。

第三分册《价值共生》
作者简介

余铭一，战略、营销、连锁专家，资深媒体人。毕业于中南大学电子信息科学与技术专业，清华EMBA。拥有制造、传媒、流通、互联网、金融等多领域管理和实践经验。

致歉及更正

由于失误，本书系"各界知名人士盛赞推荐"部分，我们将中国户外知名品牌探路者创始人盛发强先生的名字误写成了"盛华强"。在此，我们向盛发强先生致歉！

千渡传媒

附：任正非词频表

根据 CEO 书院辑录的《任正非演讲稿：1994—2018》而统计出的各关键概念出现频次前 100 名：

关键词	词频	排名	关键词	词频	排名
管理	2 071	1	知识	189	51
员工	1 560	2	生存	187	52
干部	1 397	3	竞争力	184	53
市场	1 216	4	科学	184	54
发展	1 131	5	利润	180	55
客户	1 119	6	效率	176	56
产品	1 018	7	前进	172	57
技术	863	8	团队	170	58
世界	845	9	投资	167	59
中国	741	10	将军	164	60
服务	703	11	教育	158	61
奋斗	576	12	胜利	157	62
组织	561	13	沟通	156	63
美国	545	14	批评	155	64
未来	526	15	规范	152	65
战略	510	16	原则	151	66
成功	507	17	人力资源	149	67
流程	489	18	人类	148	68
学习	478	19	领先	143	69
研究	455	20	科技	142	70
进步	447	21	突破	141	71
资源	447	22	失败	135	72
文化	446	23	民族	127	73
成本	434	24	全世界	117	74
竞争	421	25	危机	116	75
责任	417	26	改善	115	76
创新	404	27	科学家	114	77
需求	363	28	集体	108	78
人才	360	29	利用	107	79
领导	354	30	风险	103	80
合作	338	31	理论	102	81
销售	337	32	前线	99	82
全球	333	33	浪费	98	83
开放	332	34	战争	97	84
考核	329	35	妥协	92	85
专家	313	36	价值观	91	86
出台	302	37	朋友	91	87
方法	289	38	淘汰	91	88
英雄	281	39	管理者	90	89
成长	279	40	资本	89	90
质量	273	41	规律	87	91
培训	266	42	集中	87	92
提升	262	43	应用	87	93
开发	255	44	坚定	81	94
核心	253	45	祖国	81	95
经验	245	46	使命	69	96
批判	228	47	专利	69	97
变革	208	48	教授	68	98
方向	207	49	高科技	65	99
团结	195	50	理念	62	100

任正非从不反对"投降"

在一些人的眼中,妥协似乎是软弱和不坚定的表现,似乎只有毫不妥协,方能显出英雄本色。但是,这种非此即彼的思维,实际上认定了人与人之间是征服与被征服的关系,没有任何妥协的余地。

"妥协"其实是非常务实、通权达变的丛林智慧,凡是人性丛林里的智者,都懂得在恰当的时机接受别人的妥协,或向别人提出妥协,毕竟人要生存,靠的是理性,而不是意气。

"妥协"是双方或多方在某种条件下达成的共识,对于解决问题,它不是最好的办法,但在更好的方法出现之前,它就是最好的方法。

明智的妥协是一种适当的交换。为了达到主要目标,可以在次要目标上做适当的让步。这种妥协并不是完全放弃原则,而是以退为进,通过适当的交换来确保目标的实现。相反,不明智的妥协,就是缺乏适当的权衡,或是坚持了次要目标而放弃了主要目标,或是因妥协的代价过高而遭受不必要的损失。

任正非曾说,"灰度"有时候就是"投降的学问"。

明智的妥协是一种让步的艺术,也是一种美德,掌握这种高超的艺术,是管理者的必备素质。只有妥协,才能实现"双赢"和"多赢",否则必然两败俱伤。任正非曾说:"我们的各级干部真正领悟了妥协的艺术,学会了宽容,保持了开放的心态,就会真正达到灰度的境界,就能够在正确的道路上走得更远,走得更扎实。"

当然,任正非并不是没有原则,他的原则性很强——方向是坚定不移的,但并不是一条直线,也许是不断左右摇摆的曲线,在某些时段,或许还会画一个圈,但是我们离得远一些去看,指针始终坚定地指向前方。

在任正非看来,坚持正确的方向与妥协并不矛盾。任正非认为,只要有利于目标的实现,为什么不能妥协一下呢?如果此路不通,那就妥协一下,绕个弯,总比在原地踏步好,干吗要一头撞到南墙上?

如果我们充分理解任正非,就可以理解华为面对美国封杀的态度,也会理解华为未来所做的一切决定了。

未来,如果华为作出让步,甚至"投降",大家都不要觉得诧异啊!

02 如何理解任正非说华为的战略假设是不完全正确的

2021年1月22日,华为心声社区发布了一篇华为创始人任正非签发的电子邮件讲话,曝光了2020年6月19日任正非以"星光不问赶路人"为题的内部讲话。在这篇讲话中,任正非首先对华为过去30多年的发展战略作了评价。任正非说:"时代证实华为过去的战略是偏斜的,是不完全正确的,华为的能力很不符合现实生存与发展的需求。"

该如何理解这句话呢?我尝试解读一下。

过去30多年,华为的战略假设是"依托全球化平台,聚焦一切力量,攻击一个'城墙口',实施战略突破",基本上是跟随战略。至少前20年,美国、欧洲的通信巨头如朗讯、爱立信、阿尔卡特等,在通信技术上是绝对领先的,作为后来者,华为一直在模仿、追赶。这一阶段,华为基本上不用考虑方向问题,世界上最牛的通信技术公司出了什么技术、什么产品,华为组织人力物力去拆解它们的产品、攻克它们的技术、研发生产类似的产品就可以了。

相对于国外巨头的产品,华为的产品在技术功能上或许没有那么尽善尽美,但在价格上具有绝对优势。这种高性价比的产品让国内外的通信运营商无法拒绝，华为因此迅速成长，最终抢占了越来越多国际巨头的市场份额。大约在2012年，华为成为世界最大的电信设备供应商。2017年，华为的5G技术领先全球。很多当年红火一时、技术先进的通信设备巨头消失了——有的破产，有的被收购。这个时候，华为从世界通信和信息产业的模仿者、跟随者变成了领导者。华为后来居上，成了王者。

　　成为王者当然有很多好处，但也会有很多苦恼。首当其冲的就是没有人再给你指引方向了——过去国际通信巨头的技术最先进，华为跟随其技术方向就可以了。现在华为跑到了最前面，必须自己去探索方向。面对日新月异、变幻莫测的ITC市场（通信与信息技术产业），华为人是茫然的，他们的内心是忐忑的。

　　我不知道大家有没有这样的经历——当你一个人在茫茫黑夜中行走，看不到星光、无法辨知方向的时候，你会很没有安全感、很没有信心。但是，作为领导者，你必须去探索方向。所以说，当领导不容易啊！

　　华为技术研发路线的演进过程，就是华为依托全球化平台、聚集一切力量，在通信与信息技术产业实施战略突破的过程。华为取得今天的成就，说明华为当时的战略假设是正确的。

　　那么，任正非为什么说华为的战略假设不太正确呢？这是因为，随着华为的市场地位以及国际环境的变化，华为之前的那个战略假设无法再持续了；此时华为的领先还只是局部的、暂时的，而且通信和信息技术产业的革命随时可能发生，华为面临的变数还是很大的。本来，按照任正非的设想，华为至少可以按照上述假设平稳发展5~10年，那个时候，华为就有可能在更多领域取得世界性的突破，找到比较正确的发展方向，风险也会大大降低。但是，2018年以来，华为遭遇的以美国为首的打压、制裁，导致其全球化战略不能完全实施，部分全球化平台无法依靠了，至少最先进的美国平台不支持华为了。

　　这就好比华为与几个国际巨头一起在茫茫黑夜中摸索，本来华为可以借助另外几个巨头的探照灯、导航仪确定方向，照亮前进的路，但那几个巨头突然撤离，只留下华为自己在茫茫黑夜里摸索。

　　任正非说："现在必须全面靠自己打造产品，这是华为的能力与战略极大的不匹配,是华为最薄弱的环节,逼着华为从小学生做起,而且要快速跳级再跳级到博士,华为哪有这么大的弹跳能力。华为既不是巧媳妇,也没有米。"

华为的战略假设不是不正确,而是没有预料到世界会发生如此之快、如此之大的变化。如今,华为必须正视现实,修正战略假设。

那么,华为该如何修正战略假设呢?

接下来的几节内容可以从某些侧面回答这个问题。

03 不要狭隘的自主创新

任正非说：不要因为美国的一时打压放弃全球化的战略。他不赞成片面地提自主创新。他认为，只有在那些非引领性、非前沿领域，自力更生才是可能的；前沿领域的引领性尖端技术，是没有被人验证的领域，根本不知道努力的方向，没有全球共同的努力是不行的。华为只有坚持自强与国际合作，才能解决目前的困境。

任正非的观点体现了两个要点：

第一，不要因为美国的一时打压而放弃全球化战略。这是发展的路径选择问题。全球化虽然遭遇了打击，但还必须坚持，因为这是大势所趋。全球化的速度可以放缓，但不会止步不前。任正非所认为的全球化，至少包含以下几个意思：人才的全球化、文化的全球化、技术研发的全球化、管理理念的全球化，以及市场的全球化。全球化的深层含义就是求同存异，相互开放、相互融合、相互包容，就是容许不同意见，就是包容多元文化，就是相互进行利益妥协。全球化意味着竞争对手之间也不是绝对的敌对关系，而是要在竞争中求合作，在合作中求发展，在发展中求共赢。

第二，任正非不赞成片面地提自主创新。他认为，只有坚持自强与国际合作才能解决目前的困境。这是华为未来路径的走法。

任正非表示，过去几百年来，西方科技像灯塔一样照亮了人类前行的道路，不仅仅是飞机、火车、汽车、轮船、收音机……要尊重这些文明国家、尊重作出贡献的先辈。今天华为已经积累到一定程度了，也想要作出我们的贡献，回报世界给我们的引导，让我们的光辉也照亮大家共同前行的道路。

这是谈华为的责任与担当。过去30多年，华为跟随当时世界最先进的同行，逐渐发展为世界领先企业。华为也应该承担起领先者的责任和义务，扮演好引领者的角色。

那么，任正非是如何看待竞争对手的呢？过去30多年，很多世界知名企业在竞争中被淘汰，这是残酷的商业竞争的结果。但任正非登顶后没有唯我独尊、妄自尊大，更没有幸灾乐祸，而是充满了感激，他感受到的是华为接过引领者大旗之后沉重的责任和义务。什么是企业家？什么是世界级的企业家？我觉得，有这种胸怀和格局的人就是！否则，最多算是商人！

在谈到华为的责任与义务时，任正非说，华为不仅仅要搞好"1—10"的工程设计，让产品又好又便宜，而且要坚定不移地挺进"0—1"的科学研究。所谓"0—1"，就是基础研究，就是方向的探索，就是要花很多很多钱，而很有可能看不到结果。

任正非很清楚，尽管华为一直在全世界范围招募顶尖人才，但是，一家企业的资源是非常有限的，单靠华为公司，在短期取得突破是非常困难的。这就需要世界顶尖人才、世界顶尖的研究机构一起努力，联合攻关。

历史上，很多技术和理论的突破都是偶然事件，或者说是天才引发的，比如，身为专利局小职员的爱因斯坦提出了影响世界的相对论；只在大学上了一年课的尼古拉·特斯拉发明了交流电发电机等。但是未来，重大的理论突破和发现更多要靠世界顶级机构、顶级人才联合推动。要想参与其中，就必须有开放的心胸、积极主动拥抱世界的态度，而不是闭门造车、固守所谓的自主创新。

04 / 专注：坚守一亩三分地

2023年4月，华为发布2023年第一季度经营业绩，实现销售收入1321亿元人民币。之前的2022年，华为全年实现销售收入6369亿元人民币；2021年的营收为6368亿元人民币。

很多人欢呼，觉得华为取得这样的销售额很了不起。但是，如果华为能稍微"灵活"一点，营收应该是这个数字的好多倍。比如，华为有19万名员工，离职的还有10多万人。华为如果做房地产，是有先天优势的，至少公司内部购买就是一股强大的力量。依靠华为的金字招牌，在全国各地做工业地产、住宅地产，有哪个地方政府不欢呼雀跃？

其实，在华为决定于广东东莞设立松山湖产业基地的时候，就有很多地产开发商通过各种途径找到华为，想与华为合作开发"华为城"，打造一个规模庞大的高档商业住宅区。在东莞工作的数十万华为人的确是有高档住宅购买需求的。华为之所以将部分研发及生产基地从深圳扩展到东莞，除了深圳没有更多地皮给华为发展，华为需要更大的地理空间外，还有一个很重要的原因，就是深圳的房价太高，新到华为的年轻人在深圳买不起房子，而东莞的房价只是深圳的三分之一，到东莞后，华为人就买得起房子了。从华为人的实际需求来看，与地产商合作的确是有现实需求的。但是，华为一口拒绝了。华为一直专注于 ICT 主业，是不会介入商业地产项目的。在华为看来，市场上有大量成熟的地产供应商提供各种住宅项目。至于说员工购买房子，华为可以通过相对比较高的工资，让员工自己去市场购买。

多年前，地产的钱的确很好赚。看看我们周围，国内哪个大企业不涉足房地产？我在广州看到好几个楼盘，开发商竟然是葛洲坝集团，就是那个做水电站的大型水电集团，多年前就跨界做房地产了。其他诸如挖矿的、卖石油的跨界去盖房子卖房子早已不稀奇。

过去 30 年，尤其是过去 20 年，可谓中国房地产业的黄金时期，很多地产商赚得盆满钵满。如果华为当时拿出几个亿做地产，到今天，或许年销售额可以更高。

华为 2018 年的销售收入是 7500 亿元，如果加上上下游、周边产业，整个产业链条涉及的资金估计有两万亿元之多。

这不是一个进入金融产业的好机会吗？

如果华为进入金融领域，或许会成为一个金融大鳄。

从上述角度看，在经营规模上，华为有些保守。客观地说，这也让华为丧失了许多发展的机会。但，如果那样做，华为可能也不是今天的华为了，也不可能有今天的成就。

专注，让华为丧失了很多可以做得更大的机会，但也成就了华为。

这些年，我去过很多地方，一些政府领导希望我邀请华为的领导过去投资，而且开出了非常有诱惑力的条件，一个地方政府的领导甚至说，只要华为过去，要什么给什么。

我当然很清楚，华为只投资与主业相关的领域，一切非直接相关的业务都不会投资的，但我还是与华为的管理层进行了沟通。我发现华为真的非常淡定，考察是否投资的最重要标准就是是否与华为的主业相关。

关于这一点，《华为基本法》早就明确规定：华为聚焦于通信及信息技术产业。再具体一点说，华为创建的前 20 年，基本上专注于通信核心网络技术的研究与开发，始终不为其他机会所诱惑。一直到 2008 年，华为才开始做手机等终端产品，但也属于信息技术产业，只是从单纯的 2B （to Business，即面向公司）变成了 2B 和 2C（to consumer，即面向消费者）并重。

任正非曾说，华为敢将鸡蛋放在一个篮子里，把活下去的希望全部集中到一点上。

30多年来，华为真的经历了太多诱惑，有来自市场的，有来自政府机构的，还有来自投资机构的，但华为始终不为所动。

很多地方政府通过各种途径找到华为，想以非常优惠的政策给华为土地，让华为在当地建设产业园区等。如果是别的公司，能拿到如此优惠的政策、能获得条件如此好的地皮，巴不得赶紧去了。但华为基本上不为所动。目前，华为也只在任正非的贵州老家、杭州、北京等几个地方布局，且这些项目都是华为自己使用的产业项目，都不是商业地产项目。

所以，华为之所以是华为，是经得起各种诱惑，真正做到了"不动心"。

很多人认为，如果不做房地产，说明你公司做得不够大。如果你做了房地产，说明你公司不够优秀。

当然了，也并非所有企业都会去做地产，比如我接下来谈到的这一家。

不久前，国内生猪第一股雏鹰农牧股价连续跌破了发行价，面临退市风险。分析这家公司的财报发现，这家生猪企业在上市后，进行了很多多元化投资，包括做农产品贸易、金融等，甚至来自互联网金融的收入一度占据了公司利润的相当大一部分。养猪企业去做金融，这种想法估计只有中国企业家才能想得出来。雏鹰农牧的解释是，这样可以对冲生猪养殖的风险，也就是说，养殖生猪如果亏损，互联网金融或许可以赚回来。在互联网金融行情好的时候，雏鹰农牧的确靠金融赚了不少钱，但金融产业的风险更大。雏鹰农牧就尝到了苦果。

华为所在的信息产业风险也很大，来自市场、技术路径选择、政策的风险等，分分钟可以要了华为的小命。如果要对冲信息产业的风险，单纯从投资收益的角度，华为完全可以通过投资地产、金融等产业获取更高的收益，毕竟20年来，中国地产的疯狂大家有目共睹，华为也不是傻瓜，完全清楚这个行业的暴利，更可以迅速集结优秀的人才，同时有强大的执行力，还可以利用政策红利，尤其在 10 年前，华为在这个行业大赚一笔是没有任何问题的。如果那样做了，华为的规模肯定要比今天大很多。

但是迄今，华为没有做地产，也没有做金融。

难道华为不知道对冲所在行业的风险吗？难道华为不知道赚快钱吗？

华为都知道，只是不去做而已。

因为华为还知道，专注做好一件事，做好自己的主业，才是化解风险的最好办法。

其实，关于多元化问题，专家们争论了很多年，至今并没有非常权威的结论。有的企业在多元化方面也比较成功，比如通用电气，涉足的领域非常多。

不过，有一个相对公认的说法是，在企业规模不大的时候，专注是必须的，因为资源非常有限，能把一件事情做好已经很不容易了。当企业规模到了一定程度，有能力有人才，又有抗风险能力的时候，适当进行一些多元化投资还是可以的。但这非常考验掌舵人的把控力。很多企业就是栽在了多元化上面。所以，如果你比任正非牛，那么你进行多元化发展，成功的概率应该不会低。

今天的华为，规模也算不小了，但华为依旧坚持不做与主业不相关的多元化。这种专注的精神值得我们学习。

05 / 别那么"互联网冲动"

这几年,"创业"这个词很热,各种商业模式令人眼花缭乱。其中,基于互联网的创业一度成为创业的新宠,"站到风口,猪都能飞起来"等所谓"互联网思维"就此流行。

任正非是如何看待这种"互联网思维"的呢?

华为虽然也属于信息与通信技术行业,但毕竟还是以制造业为基础,是制造、销售产品的,在汹涌澎湃的互联网创业大潮中,与那些动辄以各种崭新的商业模式"颠覆"传统行业的创业公司相比,华为显得有点"落伍"。部分华为管理层也感觉到了种种焦虑,觉得华为要紧跟互联网创业潮流,多多学习"互联网思维"。

其实,华为一直是以开放的心态学习各种新兴技术和模式的,但这并非意味着华为要追潮流、赶时髦。否则,华为就可能走偏。

任正非敏感地发现了部分华为人的这一倾向,他提出,华为"只允许员工在主航道上发挥主观能动性与创造性,不能盲目创新,分散了公司的投资与力量。非主航道的业务,还是要认真向成功的公司学习,坚持稳定可靠运行,保持合理有效、尽可能简单的管理体系。要防止盲目创新,四面八方都喊响创新,就是我们的葬歌。"

任正非由此警告华为人："别光羡慕别人的风光,别那么'互联网冲动'。"

任正非这句话有这样几层意思:

第一,尽管互联网思维很流行、很时尚,很多互联网公司也非常成功,但是华为还是要坚持自己的主业,必须立足于自己的传统优势,不能看到什么好做、什么好赚钱就做什么。任正非提出,不要为互联网的成功所冲动,不能盲目地进行所谓的互联网思维创新。

在任正非看来,华为也是互联网公司,是为互联网传递数据流量的管道做铁皮。华为必须数十年坚持聚焦在信息管道的能力提升上,华为的巨轮必须坚持这个主航道。

任正非预测,能做太平洋这么粗的管道铁皮的公司以后会越来越少,做信息传送管道的公司还会有千百家,做信息管理的公司可能有千万家。

任正非将电信基础设施比喻成信息管道,管道里流动的水,就是信息洪流,而华为就是做管道铁皮的公司。

所谓做信息传送管道的公司,比如中国移动、中国联通等电信运营商,它们主要是进行电信基础设施的建设和运营,电信基础设施就是信息传送的管道。各大门户网站、搜索引擎,当前基于智能手机的不计其数的各种 APP 应用等,都属于信息管理的范畴。而华为做的是电信基础设施管道的"铁皮",这种铁皮是信息管道构建的必备材料。由于目前大家对信息洪流的认识还有很大的局限性,还无法精准预测信息洪流究竟会有多大,因此,也不知道这种铁皮管道需要多粗。任正非预测,这种管道如太平洋一样粗。如此庞大的管道,对提供管道的公司的要求非常高,能提供这个管道"铁皮"的公司可能最后只剩几家了。事实也正是如此,当前世界电信设备制造商也只有华为、思科等几家了。

第二,互联网思维并非都是真理,有一些所谓互联网思维,其实就是美好的假想。

很多人用以下这个案例来论证互联网思维。中国市场上出现过一款叫梦露的女式睡衣,销售价格为 188 元一件,只有两种款式、两种颜色。他们用了一个不一样的销售方式——送。快递费是 23 块钱一件,货到付款,支持退货。第一阶段就送出去 1000 万件。只有 4 个员工，几个月就赚取了 7000 万元。大家可能都听过这个故事，惊讶于这种模式的"创新"。

但我们认真分析之后就会发现，这个所谓的互联网模式存在很多问题：

1. 1000 万件睡衣的仓储、分拣、打包、填单等工作就是巨大的成本。

2. 与几百家网站的合作需要一个强大的团队，进行大规模、长时间的沟通。

3. 几百家网站赠送就一定可以吸引 1000 万人次实际要货吗？首先，这要求这些网站有足够的访问量；其次，要有足够高的转化率。事实上，现在一般小网站的访问量低得可怜，转化率更是惨不忍睹。1000 万人次拿货，只有与一线网站合作才有可能。在没有一分钱推广费用的情况下，与一流、二流网站达成合作几乎是不可能的，这些网站如何能够达成 1000 万人次的要货目标？

4. 1000 万件睡衣，即使按 8 元一件的生产成本，也需要 8000 万元。哪个厂愿意在你一分钱不出的情况下给你生产 1000 万件？所以，你需要一笔流动资金。

5. 服装的退换货率相当高，要销售出去 1000 万件，退换货工作需要一个庞大而高效的团队。

6. 188 元的睡衣，生产成本只有 8 元，很难让顾客觉得超值。一旦顾客觉得货不对版，就会产生上当、受骗的感觉。

7. 如果上述模式是成功的，那么这种模式太容易被模仿了，绝对不可能成为独家生意。这意味着，即使开始可以实行，很快也就没有任何优势了。

从上面这个分析可以看出，很多成功学课程讲快速成功、一夜暴富，很多时候只是让你看到结果，并没有告诉你过程的艰辛。

任正非是希望华为人知道，一夜暴富有，快速成功也有，但不是常态，做企业还是要有常态思维，要扎扎实实做事情。总之，没有人能够随随便便成功！华为获得今天的市场地位，是 30 多年来扎扎实实、一步一个脚印地前行取得的，绝不是靠急功近利、投机取巧。

第三，任正非绝非排斥互联网思维和新兴技术，相反，他主张大力运用先进技术改善公司的内部管理。

华为现在年度结算单据流量已超过 25000 亿元人民币，供应点超过 5000 个。年度结算单据的发展速度很快会超过 5 万亿元的流量。如何深刻地分析合同场景、提高合同准确性、降低损耗，是华为内部管理上必须解决的问题。把这个问题解决了，就是对公司的巨大贡献。因此，任正非提出，有互联网冲动的员工，应该踏踏实实地用互联网的方式，优化内部供应交易的电子化，提高效率，及时、准确地运行，要做好华为公司内部的"互联网"。因此，在任正非看来，华为还是需要"互联网思维"的，只是要首先服务于公司内部，做好自己的本职工作。

拥有适当的互联网思维是必要的，但互联网思维不能代表一切，更不能成为投机取巧的代名词。

06 市场变革：从国内到国际的扩展

华为虽然是 1987 年才创立的民营企业，但是发展速度很快，短短十几年的时间，在国内市场的占有率已经比较大了，国内传统交换机产品市场趋于饱和。

2002 年，全球通信产业进入持续低迷期，中国国内却是另外一番景象——中国电信的小灵通、中国联通的 CDMA 风头正盛。

华为的处境却非常尴尬。由于技术路径选择的问题，华为的无线 GSM 解决方案被采用的规模非常有限，收益并不显著。

华为将宝几乎全部押到了 3G 技术上，在 3G 技术上已经累计投入了上百亿元进行研发，但国内的 3G 市场迟迟没有启动。

此时的华为全靠传统的有线网络产品线养着。挣钱的地方不多，花钱的地方到处都是。

所谓东方不亮西方亮，在国内无线市场，尤其是 3G 市场没有大规模启动的情况下，华为不得不将目光转到了境外。

2002 年底，华为组织了一批精兵强将出征海外，将 3G 技术在海外落地。这就是华为无线设备走向海外的起点。

其实，华为很早就开始了国际化征程。

华为规划的国际化路径是先近后远、先穷后富，也就是先从邻近的中国香港、东南亚、俄罗斯开始，再逐步延伸到更远的国家和地区，先从不发达国家和地区开始，再逐步进入发达国家和地区。

1996年，华为开始进军俄罗斯。

华为在俄罗斯的拓展，可以说是一个伏尔加河纤夫的"跋涉苦旅"。华为坚守了4年，才得到一个几十美元的订单。当时，由于爱立信、西门子等跨国巨头已经抢先布局，华为在当地没有什么知名度，产品无法销售出去。1997年，俄罗斯经济陷入低谷，俄罗斯对电信市场的投资也几乎停滞。西门子、阿尔卡特、NEC（日本电气公司）等公司纷纷从俄罗斯撤资，华为却更加积极了。这一年，华为与俄罗斯成立了合资公司贝托华为。俄罗斯的经济复苏非常缓慢，从1996年到2000年，整整4年，华为在俄罗斯没有任何收入。

后来，俄罗斯某电信运营商的一个配件坏了，但那台设备的供应商无法马上提供更换服务。华为员工知道此事后，立即带着自己的配件过去，为这家电信运营商解决了问题。这个价值几十美元的配件，就是华为在俄罗斯市场的第一笔生意。华为的坚持与热情服务打动了俄罗斯电信运营商。

2000年，华为在俄罗斯获得了两个大项目。2005年，华为在独联体的销售额达到了6.14亿美元，并与俄罗斯所有顶级运营商建立了紧密的合作关系。开拓俄罗斯市场10年后，华为成为俄罗斯电信市场的领导者之一，在运营商市场占有率雄居首位。

2005年是华为国际化的分水岭。

这一年，华为在海外的销售历史性地第一次超过在中国市场的销售，中国区被"降格"为全球九大区中的一个区，至此，华为没有了国内国外之分，在市场结构上与思科、阿尔卡特等跨国公司没有区别。华为的海外员工达到了1万人，成为海外员工最多的中国企业。

2006年，华为实现了对北美、日本、欧洲三大发达地区3G设备市场的全面突破。

华为3G在全球的发展重心从中东、亚太等地区逐步向欧洲等移动通信发达地区转移。取得这样的成绩，并非单靠技术优势和成本优势。欧洲顶级运营商对合作伙伴非常挑剔，对供应商的可信性、竞争力、交付和服务能力要求都很高。

要想同时具备这么多的能力，必须与其进行合作，联合研发。欧洲不仅是华为较早尝试和运营商共建联合研发中心的地区之一，也是联合研发中心最密集的区域。比如，仅与沃达丰，华为就建立了移动、网络、软件和核心网四个联合研发中心。此外，在欧洲，华为同时设立了其全球唯一的产品管理部，以更有效地满足欧洲运营商对产品和解决方案的独特需求。

华为通过在欧洲市场设立联合研发中心的方式，与各大运营商紧密开展合作。在欧洲顶级运营商眼中，华为是值得信赖的公司。

2012年，华为的销售额首次超过思科，成为全球第一大电信设备制造商。

至今，华为先后在全球建立了20多个能力中心，其中，仅华为消费者业务就在中国、俄罗斯、德国、瑞典、印度及美国等地设立了16个研发中心。华为进行全球资源配置，利用全球最优秀的人才，服务全球客户。

目前，华为的产品和解决方案已经应用于170多个国家，服务于全球500多家顶级电信运营商，全天候服务着全球1/3的人口。

华为国际化比较成功的原因可以归纳为以下三点：

第一，国内市场多年来大规模营收，为国际化开拓提供了充足的"粮草"，让华为渡过了国际化初期在很多国际市场亏损的难关。

第二，国际化开拓是一个艰难的长期历程，不能急于求成，要有足够的耐心。

第三，不为了国际化而国际化。我国正在大力提倡"走出去"，很多企业看到别人到国外发展去了，就盲目地跟风。这种做法风险很大。国际化是发展的内在要求，但也充满了不确定性，要有充分的准备，比如思想观念的准备、人才准备、产品准备、资金准备等。

07 无边界的技术创新有可能误导公司战略

2016年2月,任正非在巴塞罗那世界移动通信大会的谈话中讲道:"(华为)要吸纳人才,团结一切可以团结的力量。有一位员工讲'我们与世界握手,就把世界握在我们手中',这正是我们的目的。在这个历史时代,我们要敢于扩张。"

但任正非随即又说:"当然,我们的扩张是有边界的,这个边界就是管道战略。(华为)在喇叭口边界内的'咖啡杯'中就吸收宇宙能量,囊括世界所有人才,其实就是服务世界的雄心。"

任正非这段话的意思是,有了一定基础之后,华为必须扩张,扩展产业和技术的边界,但又必须时刻注意边界,不可以随意突破边界,尤其是无边界的技术创新,有可能误导公司的战略。

我从以下两个方面来分析。

第一,任何企业,包括华为,资源其实都是非常有限的。这是一个现实问题。

企业的资源包括技术、资金、人才、机遇等,总之影响企业发展的一切要素都是资源,其中,人才又是核心资源。很多企业有了一定的规模后,就会忘记这一准则,开始盲目投资。

2019年，华为实现全球销售收入8588亿元人民币，上下游加起来的流水有5万亿元，在职员工20万人左右，其中有4000多位科学家。华为的资源不可谓不丰富，但任正非为什么还会觉得华为的资源有限、必须有边界呢？

因为任正非清醒地知道，与世界500强排在前列的企业相比，华为的规模尚属于中等水平。比如韩国三星电子，2019年，华为的销售规模基本上只是三星电子的一半。我们再看看华为与苹果公司的对比，2019年，苹果的营收是华为的2倍左右，而利润是华为的5倍左右。

总之，作为一家独立的商业机构，一个相对封闭的商业运营主体，华为可支配的各种资源都非常有限，而它面对的产业、技术、产品、市场却是无限广阔的，这就加剧了华为资源有限的现状。

在这种情况下，如果华为在技术研发上不设定清晰的边界，就会导致大量资源的浪费。

那么，华为到底该如何做呢？这就是我们要讨论的第二点。

第二，在资源有限的情况下，只能在核心领域进行技术创新，不能分散稀缺资源。这就要求企业必须高效利用资源，在战略选择上必须精准，要集中优势资源于优势领域。

人工智能是华为面向未来的一个重点领域，但在人工智能领域，华为也是有边界的。

任正非在2019年度达沃斯论坛上说，华为研究的主要是类人工智能，是有一定的边界、条件和数据支撑的，比如汽车的驾驶、矿山的开采等。这些行业在应用人工智能后，大大提升了行业效率。

华为这几年深度涉足了汽车产业，但任正非明确表示，华为"永远不会造汽车，我们是做车联网的模块，汽车中的电子部分……但是它不是车，我们要和车配合起来，车用我们的模块进入自动驾驶，我们不会跨界，我们是有边界的"。

华为将自己定位为做车联网的模块，目标是成为车企转型升级的赋能者。

近年来，华为不断联合全球各地企业，进行基于5G场景的自动驾驶测试。2018年10月，华为在年度开发者大会上发布了一款能够支持L4级别自动驾驶能力的计算平台。所谓L4，就是人工监控之下的自动驾驶技术，距离真正意义上的无人驾驶已经不远了。

华为的经验告诉我们，技术创新是必要的，是企业发展的重要驱动力，但是技术创新必须紧扣企业的核心领域，不可以过于发散，否则就会导致企业资源的巨大浪费，将企业拖入深渊。

08
按照极端情况备战，建立备胎

从 2019 年 9 月开始，美国政府对华为等数十家企业实施禁售令，要求美国企业停止给华为供应芯片、操作系统等。这次危机使华为的"备胎"计划正式浮出水面。原来，10 多年前，华为就开始研发自己的芯片、操作系统等，几乎所有问题都早已有了替代方案。

备胎计划曝光后，任正非接受媒体采访时说：我十年前讲，要按照极端情况进行备战，建立备胎，当时绝大部分人不相信。我说这个世界上最大的备胎就是原子弹，什么时候打过核战争？一次也没打过。我们就要坚持用双版本，80% 左右的时候都用主流版本，但替代版本也有 20% 左右的适用空间，保持这种动态备胎状态。

那么，华为为什么会设想在极端情况之下实行备胎计划，又是如何做的呢？这还要从 2004 年说起。

作为华为的子公司，海思从 2004 年起就开始秘密研发芯片。当时，华为的电信业务已经跻身世界前列，全球年销售收入高达 462 亿元人民币，业务范围覆盖 90 多个国家和地区的 300 多家运营商。

任正非预测，华为 10 年内会成为世界最大的电信设备制造商，而在跃居这一位置的时候，华为与西方传统电信设备制造商巨头的冲突，尤其是美国电信设备公司的冲突不可避免。更重要的是，尽管华为的多项技术已经领先世界同行，但华为的诸多核心芯片等关键技术依旧要靠美国等西方发达国家和地区的供应商供给。

这些供应商与华为是产业链上下游的关系，当然没有本质的利益冲突。但是，这些供应商所在的国家和地区的执政党、政府与日益崛起的中国，可能存在国家利益之间的冲突，这些外部因素可能会影响供应商给华为供货，而一旦一些核心部件被停止供货，华为的生产就会受到直接影响，如果供货连续受限，华为的生存就可能受到威胁。

正是基于上述极限生存的假设，任正非提出华为必须尽早启动备胎计划，在芯片等关键替代技术上加大投入，为华为赢得在极端情况下生存的空间。

海思就是在这种情况下成立的。华为投入的第一笔研发费用就高达4亿美元，技术人员有2万人。华为的攻坚之路非常坎坷，一度出现研发出来的芯片性能低下、能耗畸高的情况，与世界领先芯片企业高通、三星的技术差距非常大。

显然，无论从哪个角度看，这种备胎计划的研发都是得不偿失的。但任正非坚持："要不计成本地投入。"华为的备胎计划就这样延续下来——年投入200亿美元，持续地向全球技术最高峰冲击。

为了让备胎计划更具有实战性，华为运用了逆向思维，2005年前后，华为参照军队的红蓝对攻方式设立了蓝军参谋部，专门负责审视、论证"红军"战略、产品、解决方案的漏洞或问题。

备胎计划不仅仅是一种备用模式，其本质是站在竞争对手的角度思考问题，找出自己的薄弱环节，并给出对应的解决方案。这是另一个维度的自我完善。

"蓝军"的主要任务是站在对立面，虚拟出各种对抗性声音，甚至提出一些危言耸听的警告。这种逆向思维让华为在企业绩效高飞猛进的时候，仍然能保持谦卑，从高层到各级组织都开展蓝军的作战模式，让备胎成为一种普遍的战略执行力量。

任正非说："我认为人的一生中从来都是红蓝对决的。我的一生中反对我自己的意愿，大过我自己想做的事情，就是我自己对自己的批判远远比我自己的决定还大。我认为蓝军存在于任何领域、任何流程、任何时间空间都有红蓝对决。如果有组织出现了反对力量，我比较乐意容忍。所以要团结一切可以团结的人，共同打天下，包括有不同意见的人。进来以后就组成反对联盟都没有关系，他们只要是技术上的反对，只要他们不是挑拨离间、歪门邪道，要允许技术上的反对。"

任正非非常强调蓝军的重要性，他说："我特别支持成立蓝军组织。要想升官，先到蓝军去，不把红军打败就不要升司令。红军的司令如果没有蓝军经历，也不要再提拔了。你都不知道如何打败华为，说明你已到天花板了。两军互攻最终会有一个井喷，井喷出来的东西可能就是一个机会点。"

正是在这种理性、远见和辩证思维的引领之下，华为的备胎计划顺利实施，并终于结出了硕果。

华为的备胎计划是"出奇制胜"的一大应用。

备胎计划的意义，不仅仅是在极端时刻有一条维系生存的通道，更重要的是让公司上下时刻保持警醒，不可麻痹大意。

在任正非看来，人都是会懒惰和懈怠的，这就是人性，只有时时刻刻与懒惰和懈怠作斗争，人才能进步，公司才能保持活力。华为的备胎计划，就像高悬在华为人头顶的达摩克利斯之剑，让华为人一直保持清醒的头脑，不能懈怠、不敢懈怠，从而不断进步。

备胎计划的深层含义是强烈的危机意识。

任正非的危机感可谓深入骨髓。

早在2001年，华为增长势头迅猛的时候，任正非就写出了《华为的冬天》这样一篇忧心忡忡的文章，大声呼吁华为人要在形势一片大好的时候，思考如何防止失败的到来，如何应对潜藏的危机。

在任正非看来，华为没有成功，只有成长。保持清醒，是"备胎计划"诞生的前提。

在谈及华为的成功时，他说："十年来，我天天思考的都是失败，对成功视而不见，也没有什么荣誉感、自豪感，而是危机感。也许是这样才存活了十年。"

在对内部员工讲话时，他说："我们有许多员工盲目自豪，他们就像井底之蛙一样……稍微一站起来，就有了盲目乐观、不切实际的自豪。华为在这方面更年轻，更幼稚，更不成熟。"

在接受央视采访时，他说："华为和个别的企业比，我们认为已经没有多少差距了；但就我们国家整体和美国比，差距还很大。"

正是这种危机意识，让任正非在华为节节胜利的时候预测到了危机，并从容应对。

无论身为老板，还是作为员工，都要有危机意识，未雨绸缪，否则一旦危机到来，就会非常被动。

09 从价格战到价值战

在商业竞争中,所谓价格战,主要是说在质量、品牌、技术含量、综合实力等方面都竞争不过同行的时候,靠相对低廉的价格占领市场。

华为在初创的时候,由于资金、人才、技术等核心要素资源不足,加上中国人工、资源成本低廉等,只能通过比较低的价格赢得生存的空间。

数据显示,20 世纪 90 年代初,华为工程师的人工成本仅是欧美发达国家的 1/5;而在华为电信设备产品的研发、生产、销售中,最核心的成本就是人工成本。此时的华为只是一个毫无知名度的民营企业,其品牌对市场选择没有任何影响力,其产品设计也基本上处于模仿同业的阶段,技术含量不高,产品的稳定性也不好。在这种情况下,华为的产品也不可能卖得比国际同行贵。这一阶段的华为,只能采取价格战,以仅仅是国际同行 1/3 甚至更低的价格销售。

这一阶段,华为的产品虽然在稳定性上不如国际同行,但在功能上更加符合本土用户的使用习惯,比如跨国公司产品的操作界面都是纯英文的,而华为的产品操作界面都是中文的,而且更为简洁,加上华为的强势营销、良好的服务,让越来越多的用户选择了华为的产品。这个时期,华为的价格战打得非常漂亮。

其实，华为以相对较低的价格进入市场，对于电信运营商和终端用户来说也是一件好事。某些老牌电信设备商一直处于近乎垄断的地位，价格居高不下，导致很多电信运营商要付出昂贵的采购费用，大大增加了投入，这些投入又传递到了终端用户那里，导致用户的电信费用偏高。

记得我小时候，家里装一部固定电话需要5000多块，而且要请客吃饭才能排得上。现在安装电话基本上是免费的。这是市场充分竞争的结果。在这一过程中，以华为为代表的电信设备制造商们作出了巨大贡献。

华为后来开拓国际市场，在欠发达国家和地区也采取了一种相对低廉的价格策略，这很大程度上是因为当地消费水平低，只能以更低的价格才能为当地的电信运营商接受。

最初进入欧洲电信市场的时候，华为只是和当地小型电信运营商合作。随着业务范围的拓展，服务质量的提高，华为逐步获得了更多客户的信任，慢慢成了可以和欧洲老牌电信设备提供商平起平坐的商家。

价格战让华为度过了艰难的生存期，积累了原始资本，锻炼了人才，取得了某些技术突破，品牌影响力大大提升，这为华为进入价值战奠定了基础。

所谓价值战，有以下三个含义：

第一，必须提供性价比高的产品和服务，真正高效、低成本地解决客户的问题，协助客户成功。这里的关键点是高效、低成本地解决客户的问题，让客户觉得性价比高。要想做到这一点，就要有足够的技术研发投入，足够高端的技术人才，要能满足用户的需求，同时控制好综合成本。

拿华为手机系列来说，每年至少投入销售收入的10%用于研发，2015年，华为在这方面的投入约596亿元人民币。华为荣耀手机一直专注技术积累，拥有大量专利。比如，荣耀6Plus的双镜头技术有多达32个专利，4X全网通相关射频天线技术专利也超过7个。荣耀V8除了双摄、拍照、续航全面进化外，还拥有多项黑科技，如护眼模式、超级省电模式、影院模式、VR包装盒、高效通信管家、GPU智核、3D动态全景照片等，用户的体验感大大提升了，但这款手机的售价比有同等功能的苹果手机要便宜几百块。消费者在对比之后，很容易选择这种性价比超高的产品。

第二，必须能够给自己带来更丰厚的利润。产品好、技术先进，但如果没有足够的利润支撑，就无法持续。华为在5G技术上领先全球两三年。在5G时代到来的时候，华为凭借超前的5G产品，赢得了相当大的市场份额，利润率也较高。

第三，这种增长可以持续。这点很容易理解，就是这种增长能为企业赋能，提升企业的综合实力。比如，华为在4G技术上部分领先之后，加大了对5G技术的研发，同时布局了6G甚至10年后可能实现的更先进的技术。这就让华为可以在技术上源源不断地取得突破、产品推陈出新，持续保持竞争优势和增长。随着华为综合实力的提升，华为品牌在各个合作伙伴和消费者群体中的知名度、美誉度等也在不断提升。

华为在有了一定的品牌知名度、技术积累、综合优势之后，开始有意识地抛弃价格战，进行价值战。

任正非认为，华为要保持合理的毛利水平，不能破坏行业价值。他说："在行业市场里，我们要保持合理的利润水平，不能破坏行业价值。""你把东西卖这么便宜是在捣乱这个世界，是在破坏市场规则。西方公司也要活下来啊，你以为摧毁了西方公司你就安全了？"

任正非这句话的意思是，当华为成为行业领导者之后，保持一定的利润水平，不但是自身持续成长的需要，对于整个产业的生态也有一定的帮助。华为作为"带头大哥"，下面有几千家直接供应商，如果华为自己的利润率太低，根本无法支撑起那么多供应商的利润诉求；当然，华为跃居行业第一品牌后，如果利润率不高、价格过低，就会严重挤压行业内后面品牌的生存空间，给后面的品牌带来灭顶之灾。

这个逻辑有点奇怪——作为一家企业，华为不是应该尽可能多地占有市场，消灭竞争对手吗？在华为以追赶者的角色参与市场竞争的时候，这个逻辑是可行的，也是华为生存和发展的必由之路。但是，当华为成为行业领军者之后，就必须从行业生态的角度去考虑问题。

10 / 低端市场也是战略市场

2017年，华为创始人任正非在公司内部的一次讲话中称："这个世界百分之九十几都是穷人，友商低端手机有穷人市场，不要轻视他们。华为也要做低端机，我们的老产品沉淀下来可能就是低端机。"他进一步表示，低端市场也是战略市场。

任正非为什么说低端市场也是战略市场呢？我从以下三个角度来分析。

第一，低端机市场非常广阔。

首先，我们要明确什么样的手机是低端手机。按照终端售价来分，1000元人民币以下的手机可以称为低端手机；2000~3000元的可以称为中端机。

中低端市场一直是全球手机市场的重要组成部分，尤其在发展中国家。例如，在印度市场，中国手机品牌卖得最好的都是千元人民币以内的红米手机。

2023年第一季度，全球智能手机的出货量为2.69亿部，比2022年第四季度下降了大约11.1%，比2022年第一季度下降了12.7%。可见，目前智能手机市场以及厂商仍然面临着非常大的压力。与此同时，相关调研机构公布了全球市场份额排名前十的智能手机厂商名单，即三星、苹果、小米、OPPO、vivo、传音、荣耀、摩托罗拉、realme 真我和华为，它们的市场份额分别为 22%、21%、11%、10%、8%、5%、4%、4%、3% 和 2%。值得注意的是，和 2022 年同期相比，全球前十大手机厂商中，仅苹果和华为实现了增长，涨幅为 0.1% 和 14.3%，其他几家厂商均有所倒退。

国际数据公司 IDC 报告显示，2022 年全年中国智能手机市场出货量约 2.86 亿台，同比下降 13.2%，创有史以来最大降幅。时隔 10 年，中国智能手机市场出货量再次回落到 3 亿台以下。市场调研机构 Canalys 最新报告显示，2022 年全年全球智能手机的出货量降至 12 亿部以下，下降了 11%，所有厂商这一年都面临着极其严峻的挑战。

在这一背景下，美国高通公司推出了两款专为入门级到中端智能手机设计的新型应用处理器（AP），一款采用 4nm 工艺技术，另一款采用 6nm 工艺。搭载新 AP 的设备，即骁龙 6 Gen 1（采用 4nm 工艺）和骁龙 4 Gen 1（采用 6nm 工艺），分别于 2023 年第一季度和 2022 年第三季度商用。

连高通这样的公司都非常看重中低端市场了。

Canalys 数据显示，2022 年第二季度，售价 1000 元以下的智能手机占印度总手机销量约 1/3，其中约 80% 是中国品牌产品。

如果按照全球中低端手机占比为 40% 计算，全球中低端手机数量为 15 亿台。这显然是一个庞大到无法被忽略的市场。

低端机能够满足普通消费者的需要，而这个世界的消费者有 95% 是普通消费者。因此，华为重新重视低端手机市场也不无道理。

从研发成本的角度看，低端机没有占用多少研发资源，因为高端机已经将新技术研究的成本摊完，低端机使用这些成熟技术不用再分摊成本，这样一来，低端机虽然售价低、利润薄，但还是有利润空间的。

2017 年，华为所占市场份额已经在全球排名第二，超越苹果，仅次于三星。但数据显示，目前低端市场做得最好的是小米的红米系列，占手机市场出货量的 80% 以上。

如此巨大的市场，以华为的品牌和技术优势，应该是有所斩获的。因此，从 2017 年下半年开始，华为的终端策略重新重视起低端市场。

刚才我们分析了低端手机的市场问题。其结论是，中低端手机市场占比很大、市场很广阔。

第二，对企业来说，中低端产品有什么样的战略意义？其结论是，低端产品可以保护市场空间。

任正非强调，华为要以商业成功为中心，高端产品加强成长，但是不能忽视低端产品保护华为市场空间的作用。华为在非洲地区工作的同事的工资是广州地区的 3 倍，但其实非洲的贡献比广州小很多。因为非洲小国的销售额远远低于广州代表处的市场贡献。但是，华为也不能放弃。因为，如果华为不断退出艰苦地区、战乱地区……退到只有中国市场，再退缩到北上广深这些发达城市，最终会像蚂蚁一样被别人轻易消灭。

任正非说，用低端产品来保卫华为的高端产品多一些盈利，很重要。虽然低端机赚的钱少，但是保卫了高端机的市场。华为要正确对待低端机的商业价值，不能认为从事低端机业务的就是低端人才，从事高端机业务的就是高端人才。华为不是学术单位，不是大学，不论技术能力大小，不论考试成绩高低，而要论商业价值。任正非要求，华为的人力资源价值评价系统要适当调整，要正确评价低端市场对公司整体战略的贡献，还要给奋战在低端市场的同事合理的评价。

第三，要冲刺第一，就要占领低端市场。2015 年，华为发布 Mate S 和 Mate 8，逐步在高端市场站稳脚跟。这年初，华为消费者 BG CEO 余承东明确表示，华为正在放弃低端市场，将通过吸引更多高端消费者向国际市场扩张。华为重新重视低端机，首先是因为华为终端现在的目标是超越三星，做全球市场第一。2017 年发布 Mate 10 的时候，华为手机前三季度的发货量达到 1.12 亿台，同比增长 19%。过去的一个季度出货量已经超越苹果，全球市场份额位居第二，中国市场份额保持第一。华为在高端市场已经站稳脚跟，但短时间内很难有更大的突破，要想冲击全球份额第一的宝座，只能效仿三星，通过大规模铺货，发力低端市场。

三星多年稳居全球智能手机市场份额第一的宝座也不是靠高端机，而是靠型号众多、数量庞大的低端机。得益于强大的产业链的垂直整合能力，三星通过不断推出新机型来抢占市场，用机海战术增加销量和销售额。

很长一段时期，华为不做低端机，导致出货量涨不上去，尤其在印度和非洲市场，华为不做低端机就很难打开市场。在非洲和印度市场，三星市场占有率第一。

2017年，华为手机在肯尼亚市场销量居第三位，而处在前两位的是三星和深圳传音控股旗下的Tenco。2018年9月以后，华为在非洲大国肯尼亚改变了市场策略，推出数款售价在100~200美元（合人民币655~1311元）的低端智能手机，为的是提升销量，扩大在该国的市场占有率。

肯尼亚消费者对价格十分敏感。100~200美元手机的市场是华为的一个核心市场，如果这部分市场做起来了，华为的整体市场份额就会提高。官方数据显示，肯尼亚人均年工资仅为1200美元，人们很难承受高端智能手机。此前，华为专注中端机，已经拿下该国中端机市场30%的份额。除此之外，华为还在肯尼亚推出了Mate系列，主打高端用户。如果华为在肯尼亚市场的低价策略能够见效，未来肯定会将这一策略推向更多非洲国家。华为在肯尼亚市场销售的三款新手机，零售价最低为87美元，最高为220美元。华为希望将低端市场的份额从4%提高到15%。

华为的努力没有白费。

市场调研机构CounterPoint公布的数据显示，2019年4月全球智能手机出货量中，三星手机的市场占有率约为19.1%，华为手机的市场占有率则达到了21.4%，华为历史上首次超越三星，成功登顶全球第一位置。华为手机的市场占有率达到世界第一，中低端市场的贡献可谓功不可没。这离不开任正非的战略布局。

此后，华为遭遇以美国为首的西方国家限制，手机销售额严重下滑。华为将荣耀品牌出售，在手机板块进行了重大战略调整。不过，华为重视中低端市场的策略并没有完全改变，华为平板、华为电脑、华为路由器、华为自拍杆等大量2C产品并没有放弃中低端市场。可以预见，在未来相当长的一段时期内，中低端市场依旧是华为的重要战略市场。

11 / 在主航道上实施针尖战略

华为 2019 年的销售额近 9000 亿元，2022 年虽然有所下降，也维持在 6300 亿元左右。华为的规模不可谓不大、可调用的资源已经非常丰富，但任正非仍然说："我们是一个能力有限的公司，只能在有限的宽度赶超美国公司。不收窄作用面，压强就不会大，就不可能有所突破。"任正非强调，华为只可能在针尖大的领域领先美国公司，如果扩展到火柴头或小木棒这么大，就绝不可能实现这种超越。

资源丰富或者有限是相对的，对企业来说，资源尤其是重要资源如资金、人才、技术、企业家的精力等似乎永远是稀缺的，这就要求企业必须将有限的资源聚焦到特定的领域，才可能有好的产出。

在任正非的语境里，就是聚焦到主航道上，这是任正非特有的语言。所谓主航道，就是指华为要投入最大资源、获取最主要回报的主业。华为是从电信设备研发和销售起家的，电信设备与 IT 技术日益融合，产生了很多新的业态，但"连接"人与人、人与物的本质没有改变。发展到今天，华为的业务已不仅仅局限于电信基础设备的研发、制造与销售，而是提供全套解决方案，并且从电信基础设备延伸到了企业业务、消费者终端业务。可以说，华为"主航道"覆盖的产品类型已经大大丰富了。

近年来，华为的规模增长明显，利润也比较可观，具备了进行适当产业拓展的条件。因此，华为内部有人认为，可以适当地进行一些更宽泛的投资。

华为的品牌知名度、信誉、技术、人才等资源优势非常明显，市场和政府主管部门也经常向华为伸出橄榄枝。

我身边也有一些朋友，比如做传统家居的、做汽车的，都曾经请我协助与华为有关部门沟通，希望与华为进行智能家居、自动驾驶汽车方面的深入合作。很多政府更是通过众多渠道，邀请华为介入当地某些优势产业，一些实力雄厚、背景深厚的央企也频繁邀请华为进行多种形式的合作，而且这些政府主导的合作，都给华为开出了异常优厚的条件，可以说，华为只要点头，要地有地、要政策有政策。

还有一些有政府背景的企业甚至说，只要让它们用一下"华为"这两个字，华为不用出一分钱、不用投入任何人力，一切由它们搞定，华为坐等巨额收益就可以了。

如果是某些企业，估计对上述优惠条件早就心动了。但任正非从来是从华为自身发展之需要考量的，这种考量的标准就是是否符合华为"主航道"的要求，不符合要求者一概不做。为此，华为这些年拒绝了无数机会。

华为的"主航道"原则，与华为早期提倡的"压强"原则如出一辙，其核心就是资源聚焦：不收窄作用面，压强就不会大，就不可能有所突破。

事实上，在某个短暂时期，华为的投资出现过分散的现象。

2017年，任正非对此进行了检讨，他说，之前出现过的分散投资"有我的责任，EMT（Executive Management Team，经营管理团队）批评过我，说只要有更高利润能养活自己就行。我检讨，过去的事我承担责任"。

反思之后，任正非多次强调，要收窄战略面，在主航道上实施针尖战略。针尖战略就是冲到最前面，不与别人产生利益冲突。华为确定的主航道产品是做极简网络，实现极速、宽带、视频。

任正非提出，华为的投资方向一定要聚焦主航道，要梳理乱投资行为，都并到主航道上来。任正非将华为的投资比喻成"喝下午茶"，华为要集中精力吃几样甜点，剩下的让别人做。

为此，华为开始收缩客户关系管理（Customer Relationship Management，CRM）业务，将研发人力转到视频业务上。因为视频已经出现机会窗，华为把CRM业务策略调整出来的资源投到视频等战略机会点上去，让有经验的员工在上甘岭立功、快速晋升。视频是比较复杂的技术，让有经验的员工去做比招新员工进来效果好得多。

此外，华为不断收缩边缘化产品，梳理乱投资行为。在车联网领域，华为主要聚焦自动驾驶技术模块的研发，即只为各大汽车厂商提供智能驾驶的模块，而不会自己去做无人驾驶汽车。在能源产品上，华为聚焦于应用在手机里面的小功率能源产品。

在操作层面，任正非要求，在公司确定的范围内，所有新产业和新解决方案的立项要在产品投资评审委员会（IRB）决策；同时，为了确保资源聚焦，华为要求，非主航道的新项目要上报批准，禁止到处乱立项。

对于华为的三大业务模块，任正非提出，运营商业务领域在主航道上的决策权力可以放低一点，非主航道的项目要上报批准，企业业务领域决策权力可以收高一点。

明确了主航道之后，就要集中资源主攻。对于资源的匹配，任正非说要实施范弗里特弹药量。

1952年，抗美援朝战场呈现敌我双方僵持不下的态势。10月，以美国为首的"联合国军"发动了一年以来规模最大的、以上甘岭地区为主要进攻目标的"金化攻势"。此次进攻是由美军著名山地战专家、第8集团军司令范弗里特精心策划并一手实施的。他认为："没有什么阵地是十万发炮弹解决不了的，如果十万发不行，那就再来十万发！"令他没想到的是，这个数据最后的结果是190万发。此外，还有5000多枚航弹。原计划"联合国军"伤亡人数是250人，结果伤亡了2万多人，而两个阵地居然还没有拿下来。在这次进攻中，美军的弹药量是平常的5倍，这就是所谓的范弗里特弹药量。

任正非的意思是，对于主航道的针尖战略，华为要进行无限度的持续投入，以达成目标为唯一目的。

第二章 竞争逻辑

不把市场做绝

HUAWEI

01
不要盲目地争夺什么第一

任正非说：各产品线、各地区部（华为以区域为单位命名的组织）不要盲目地争夺什么第一，而要关注夯实生存与发展的基石，现在华为没有长期争夺第一的基础条件。

任正非这里说了两个核心观点：

其一，不要盲目争第一，要创造合理的利润。

作为商业机构，创造价值才能显现存在的必要，才能生存发展。合理的利润就是对你创造的价值的回报。如果长期无法盈利，很可能说明你创造的价值市场不认可，市场对你创造的所谓价值不买单。规模第一不过是一个可能出现的结果。如果将这个可能出现的结果作为唯一的目标去争取，就会导致本末倒置。

任正非表示，市场要努力将公司的主力产品按场景化做到云服务质量和用户体验最优，让客户感觉到价值，要逐渐从销售收入导向转向加大利润的考核权重。要创造价值、创造合理的利润，使公司健康成长。合成营（华为内部特有的工作组合模式，是由多个工种组成的工作联合体）是作战模式、商业模式转换的载体。

任正非显然觉得华为当下面临的困难不是一时半会儿就可以结束的，

他让华为人做好长期抗战的思想准备和战略规划。他要求华为把一些生产自救类产品做大，增加利润，给公司提供保障。

第二，现在华为没有长期争夺第一的基础条件。

任正非是一个实用主义者，实用主义的实质是尊重事实、尊重客观规律。

尽管华为2014年已经超越爱立信成为世界最大的通信设备制造商，2019年超越苹果成为世界最大的手机制造商，还在其他十几个领域如光伏产业成了世界第一，但是任正非很清醒地认识到，这些所谓的世界第一都只是暂时的，很难支撑华为未来10年、20年持续领先。

任正非有强烈的危机意识，他经常说"过去的辉煌不是未来成功的可靠保证"。

华为是一家靠科技推动的公司，科技是这个行业的核心竞争力，也可能是这个行业的颠覆性力量。尽管华为已经在很多领域成为技术先进性世界第一、市场占有率世界第一，但是这些都不是永恒的。华为面临的外部竞争压力日益增大，来自华为内部的管理风险也日益累积。一旦出现颠覆性的新技术，华为现有的技术优势很快将不复存在，市场也会迅速向新兴企业倾斜。华为内部一旦出现管理裂缝，对华为的打击也将是致命的。

任正非深刻地认识到这些内外部风险，他宁愿让公司发展得慢一点、稳健一些，不要去争什么虚名。毕竟，在这个充满变数的世界，活着才有机会，活得久一些才更重要。

02 / 不把市场做绝

华为有一个理念是不把市场做绝。我们可以从两个方面来理解。

其一，产品和产业的选择要有边界，不可以什么都做。首先，这是企业资源的有限性决定的，企业必须界定自己的能力范围，限制投资领域；其次，要保护行业生态，给业内的同行留下生存空间。比如，《华为基本法》中明确规定，永不进入信息服务业。华为的电信设备卖到了全球170多个国家和地区，服务于几百家电信运营商。也有很多电信运营商邀请华为参与它们的电信运营，获取长期收益，但华为都婉言拒绝了。华为拒绝的理由主要是不能与自己的客户——电信运营商产生竞争关系，因为电信运营商是华为的客户，华为作为设备供应商，要很好地服务电信运营商。华为一旦与某个电信运营商合作，参与电信运营，就会影响与其他电信运营商的合作，最终会导致自身利益受损。

在非电信领域，华为也有明确的边界。

2015年，有消息说，华为要进军智能家居产业，引发了智能家居产业的担忧。

这年12月，华为终端战略Marketing部部长邵某在接受采访时表示，"华为进军智能家居市场，不会做电视。计划明年建成全球最大的智能家居生态"。

华为的确做智能家居了,但华为自己规定,做智能家居产品,不能与家电等合作企业形成竞争。智能家居的生态非常多,华为只做自己擅长的事情。比如,华为不会去做空气净化器、空调、冰箱等具体的家电产品,而是重点提供智能家居的核心控制芯片、智能模块等。华为的定位是与各大智能家居厂商合作,给它们供货。在智能家居的产品选择上,华为主要做三大类:一是智能路由器;二是 OTT 盒子(OTT 是"Over the Top"的缩写,OTT 盒子是指用户通过连接互联网观看在线视频,如高清电视直播、电视剧、电影、综艺等高清终端设备,发展到现在,OTT 盒子可以简单地理解为互联网电视机顶盒);三是智能 IO(智能输出和输入设备)。华为智能家居还在不断"砍"产品,如智能音箱和智能摄像头等产品,因为体验不好中途"放弃"了。

当前,智能家居市场有三大痛点:封闭的生态、破碎的场景、复杂的操作。智能家居行业虽然看上去火爆,但是厂商各自为战,以不同的标准进入市场,导致用户体验十分割裂、操作相当复杂。比如,每一个单款产品就需要一个 APP,用户体验并不好。

华为的智能控制模块在家电中应用后,可以解决上述问题。正是因为华为在智能家居上的清晰定位,很多家电厂商乐意与华为合作。华为和荣耀已经与包括海尔、BroadLink 等在内的 40 多家企业建立合作。

任正非曾说:"多少人在微软 Windows 上开发了二次应用、三次应用,如果微软没有了,他们的所有应用都要重新搞一遍,他们怎么会希望微软垮掉呢?苹果短期也不会垮掉,因为苹果有很多伙伴,你看现在教学系统都是用苹果软件,上苹果 APP Store,教材全下来了。我们也要向这些公司学习,也要走上这条路。"

任正非说的"这条路"就是建立一个生态系统,照顾好生态系统里的其他商家,大家利益共享,而不是唯我独尊。

其二,即使在优势产品和服务上,华为也不会将同行和竞争对手一网打尽、赶尽杀绝,而是会给同行留有一定的生存空间。

早在创业初期,任正非就提出,未来世界电信市场三分天下,华为必有其一。华为当时的雄心不可谓不大，但它从没有想要将世界电信市场份额全部占有，而是要和其他商家平衡发展。华为一直在动态的平衡中维持自己的市场份额。

任正非曾说，企图独霸世界的华为一定会灭亡。

在一次高级干部会议上，任正非以极其冷峻的口吻告诫大家：任何强者都是在均衡中产生的。我们可以强大到不能再强大，但是如果一个朋友都没有，我们能维持下去吗？显然不能。我们为什么要打倒别人，独自称霸世界？想要把别人消灭、独霸世界的成吉思汗和希特勒，最后都灭亡了。华为如果想独自称霸世界，最终也要灭亡的。我们为什么不把大家团结起来，和强手合作呢？我们不要有狭隘的观点，想着去消灭谁。我们和强者，要有竞争也要有合作，只要有益于我们就行了。

任正非还说，华为发展壮大，不可能只有喜欢华为的人，还有恨华为的人，因为华为可能导致很多小公司没饭吃。任正非由此告诫华为人，要改变这个现状，要开放、合作、实现共赢，不要一将功成万骨枯。前20年华为把很多朋友变成了敌人，后20年华为要把敌人变成朋友。当华为在这个产业链上拉着一大群朋友时，华为就只有胜利一条路了。

国内某位企业家做市场非常厉害，业内有人评论说，此人走过的路，草都不长。这种做市场的狠劲当然值得敬佩，但是，这种过于强势、不给别人留任何空间的做法，也会招来行业的嫉恨，最终会出现问题。

任正非就是要避免华为出现这种做法，所以一直提醒华为人企图独霸世界一定会灭亡。

03 如果有人拧熄了灯塔，我们怎么航行

2020年7月29—31日，任正非先后到复旦大学、上海交大、东南大学、南京大学访问、座谈，之后，华为对外发表了题为"若果有人拧熄了灯塔，我们怎么航行——任正非座谈时的发言纪要"的文章。我们就先从这个标题说起。

这里说的"灯塔"指什么？其一说的是世界信息技术的发展方向、最前沿的技术；还有一个言外之意，在很多技术上，华为还需要世界上更先进的公司给予方向指引。过去30年，华为在通信技术的研发上是从模仿开始的，3G时代基本上是模仿，4G时代部分领先，5G时代基本上全面领先。但在新材料、算法等更基础、更尖端的领域，华为还需要很多公司的配合、指引。毕竟，一家公司不可能做完所有的事情——不但成本非常高，而且风险非常大。

"有人"说的是谁？最大可能说的就是以美国为首的"美国利益优先者"。任正非反复强调，打压华为的只是美国少数政客，不代表大多数美国企业，以及美国全体人民。这种将美国左派分子与美国大多数企业、美国人民区分开来的做法非常智慧，从道义上孤立了美国集团，也在战略上占据了主动。

"拧熄灯塔",说的是人为熄灭,也就是说,在华为并不愿意看到的情况下,以美国为首的国际集团强行熄灭了技术指引的"灯塔"。

其实,即使美国不主动去"熄灭",当华为发展到一定阶段,这个"灯塔"也会失去意义。这里的"一定阶段"指什么阶段?那就是,华为在信息技术领域全面领先世界,成为世界最先进的信息技术提供商的时候。目前,华为在5G等部分技术上领先了世界,站到了世界最前沿,只能自己去摸索前进的方向。这也意味着华为在这些技术领域成为了"灯塔"。

任正非首先解释了华为公司为什么要搞基础研究。

任正非说:信息技术的发展速度太快了,传统的产学研模式赶不上市场需求的发展速度。因此,华为自己也进行了一些基础理论的研究,大多数是在应用理论的范畴,只有少量走到世界前面去了。

任正非透露了两个关键信息:第一,华为的技术理论研究主要建立在应用理论上,而不是数学等基础理论上;第二,即使在应用理论上,华为也只是在少数理论研究方面取得了世界领先成果。任正非在这里并非自谦,而是实事求是。

随着中美贸易摩擦的加剧,华为被美国打压,很多国人义愤填膺,给予了华为非常多的期待,希望华为全面碾压美国技术。这种美好的愿望和急迫的心情可以理解,但我们必须尊重事实。其实,尊重客观事实,甚至有时候刻意低调一点也没有什么不好。《易经》上说"潜龙勿用""潜龙在渊",讲的就是低调的智慧,在从弱到强的上升过程中,过早暴露自己,很容易被强者发觉、打压。

任正非说:

大学老师的研究是为理想而奋斗,目标长远,他们研究的是纯理论。比如,土耳其Arikan教授的一篇数学论文,十年后变成5G的熊熊大火;20世纪60年代初,苏联科学家彼得·乌菲姆采夫发表了一篇钻石切面可以散射无线电波的论文,20年后美国造出了隐身的F22;20世纪50年代,中国科学院吴仲华教授的三元流动理论对喷气式发动机的等熵切面计算法，奠基了今天的航空发动机产业；现代化学的分子科学进步，人类合成材料可能由计算机进行分子编辑来完成，这也是一个天翻地覆的技术变化……

在上面这段讲话里，任正非透露了华为5G技术的理论来源，那就是土耳其Arikan教授。

1958年，埃达尔·阿勒坎（Erdal Arikan）出生在土耳其首都安卡拉，但他的求学生涯多在美国度过。1981年，阿勒坎在美国加州理工学院获得了本科学位，随后他去了美国的另一所名校——麻省理工学院（MIT），1985年，阿勒坎获得了电子信息工程专业的博士学位。

华为是5G技术的发明人和唯一持有者吗？

华为5G技术的理论来源是土耳其教授阿勒坎博士。但是，阿勒坎的博士生导师是美国人罗伯特·加拉格（Robert Gallager）教授。加拉格的导师，也就是阿勒坎的师祖，则是大名鼎鼎的信息论鼻祖香农。

阿勒坎博士毕业回到故乡土耳其的毕尔肯大学后，经过10年研究，于2008年发表了主要用于5G通信编码的极化码技术方案。这份方案长达23页，作者只有阿勒坎博士一个人。

这份方案很快被华为的科学家们注意到了，因为华为正在进行5G技术的研究，但一直没有好的技术方案。阿勒坎博士的方案让华为豁然开朗。华为立即与阿勒坎取得了联系，在这项技术的基础上申请了一批专利，并且以阿勒坎的极化码为基础封锁了一批专利。这构成了华为5G技术的专利墙。

从这个角度看，华为的5G技术并非不可逾越的技术鸿沟，而是因为华为构筑了一道专利墙，别的公司必须取得华为的专利授权才能使用。这才是华为5G技术的核心优势。所以说，现代科技企业的竞争，更多时候是专利之争。

后来，华为专门举办了一个仪式，任正非向阿勒坎颁奖，以致敬其为人类通信事业发展所作出的突出贡献。

我们回头再来看华为5G技术的原理——极化码。极化码的背后是非常复杂的数学原理。其实，现代通信的基础原理都是数学。作为基础科学，数学研究的确非常重要。所以，任正非一直呼吁要重视数学等基础科学的研究，重视这方面的人才培养。当然，这是后话了。

这场 5G 通信标准，实际上是一对师徒的技术之争。

美国高通公司倾向于用美国人提出的编码方法，以华为为代表的通信业新秀则从土耳其教授的理论出发提出了极化码的编码方案。在 5G 标准的制定中，经过复杂的博弈，最终形成了一个折中方案：高通公司倡导的 LDPC 码成为数据信道的编码方案；华为倡导的极化码成为控制信道的编码方案。结果就是，大家一起发展 5G，谁也别把谁踢走。所以，华为并非 5G 技术原理的发现者，也并非 5G 技术的唯一持有人。

任正非说：

我们与大学的合作是无私的，我们在全世界遵循美国的《拜杜法案》的精神，基础研究的合作成果归学校。你们的成果可以像灯塔，既照亮我们，也可以照亮别人，是有利于我们、有益于学校、有益于社会的。

任正非这里说的"美国的《拜杜法案》"是由两位美国国会参议员提出，1980 年由美国国会通过的一项有关知识产权的法规。这两位美国国会议员分别是 Birch Evans Bayh 和 Robert Joseph Dole，这也是《拜杜法案》（the Bayh-Dole Act）名称的由来。

1984 年，这项法规进行了修改，后被纳入美国法典第 35 编（《专利法》）第 18 章，标题为"联邦资助所完成发明的专利权"。

《拜杜法案》成为美国第一个全国性质的知识产权政策，也是国际公认的技术转移政策经典。在《拜杜法案》之前，美国的专利发明所属权始终没有统一的管理制度。

《拜杜法案》明确了使用联邦经费取得的技术发明的归属问题，它起到的最大作用是为美国联邦知识产权管理与保护法令的建立提供了基本框架。《拜杜法案》基本上划清了美国大学科技成果转移转化的各项工作边界与实现方法。

在《拜杜法案》制定之前，由政府资助的科研项目产生的专利权，一直由政府拥有，其复杂的审批程序导致政府资助项目的专利技术很少向私人部门转移。

有关数据显示，截至 1980 年，联邦政府持有近 2.8 万项专利，但只有不到 5% 的专利技术被转移到工业界进行商业化。很多人认为，政府资助产生的发明被"束之高阁"的原因在于政府对该发明的权利没有进行有效配置：政府拥有权利，但没有动力和能力进行商业化；私人部门有动力和能力实施商业化，但没有权利。

《拜杜法案》使私人部门享有联邦资助科研成果的专利权成为可能，从而产生了促进科研成果转化的强大动力。该法案的成功之处在于：通过合理的制度安排，为政府、科研机构、产业界三方合作推进政府资助研发成果的商业运用提供了有力保障，由此加快了技术创新成果产业化的步伐，使美国在全球竞争中维持其技术优势。

2016 年 2 月，在中国国务院常务会议上，李克强总理谈及科技成果转化时曾经提到："美国搞过一个《拜杜法案》，这对美国的创新发展起到了很大的撬动作用，像这样的国际经验要好好研究。"

早在 1996 年，《中华人民共和国促进科技成果转化法》便正式出台，但始终没有起到应有的作用。直至 2015 年，我国对其进行修订，随后推出《促进科技成果转移转化行动方案》《国家技术转移体系建设方案》等法律法规加以辅助与完善。

任正非说华为在全球遵循美国《杜拜法案》的精神，意味着由华为资助的大学完成的研究成果的知识产权归学校所有，华为不会要这些知识产权的所有权，而只需要使用权，而且这种使用权不需要独家，大学也可以将其转让给其他公司。

任正非说：

企业与高校的合作要松耦合，不能强耦合。高校的目的是为理想而奋斗，为好奇而奋斗；企业是现实主义的，有商业"铜臭"的，强耦合是不会成功的。强耦合互相制约，影响各自的进步。强耦合你拖着我，我拽着你，你走不到那一步，我也走不到那一步。因此，必须解耦，以松散的合作方式。

耦合（coupling），是指能量从一个介质传播到另一种介质的过程。

在电子学中，耦合是指从一个电路部分到另一个电路部分的能量传递。例如，通过电导性耦合，能量从一个电压源传播到负载上，利用电容器允许通过交流成分、阻挡直流成分的性质，将电路的交流部分和直流部分耦合。变压器也可以充当耦合介质，通过在两端配置适当的阻抗，达到适当的阻抗匹配。

说实在话，耦合解释起来挺复杂的，简单理解就是合作。所谓强耦合，就是紧密合作；所谓弱耦合，就是松散型合作。

任正非认为，企业与大学的合作应该是松散型合作关系，否则很难有所成就。为什么企业与大学紧密合作很难有大的成就呢？任正非给出了理由——大学是理想主义，研究可以天马行空，可以不计成本，可以没有明确的商业导向；而企业是商业机构，必须考虑投入与产出、研究成果的商业化前景等。

企业与大学在研究目的和研究方法上存在着巨大的区别，两者如果紧密结合，企业可能会限制大学研究的开放性，导致研究无法摆脱短期的功利主义，变得异常短视。因此，任正非主张企业与大学是松散的弱耦合关系。

事实上，华为与国内外众多大学就是这样合作的。比如，华为资助了在数学研究领域知名的白俄罗斯大学，华为只是提出研究信息技术背后的数学原理问题，至于会研究出什么成果，以及什么时候有所突破华为没有任何要求；如果真的取得了一定的研究成果，这个研究成果完全归该大学所有，华为只有一个要求，那就是让华为知道这个研究成果的结果，这是为了让华为自己的研究人员知道，他们的研究路径是否可行。

任正非说：
灯塔的作用是明显的，人类社会在自然科学上任何一点发现和技术发明都会逐步传播到世界，引起变化。希腊文明、中国的春秋时代，都曾出现过灿烂的思想文明，点燃了人类哲学、文化、创造之火，推动了思想解放，但中间又熄灭了一段时间。一千年前，欧洲还处于中世纪的黑暗时期，最近几百年文艺复兴重新燃起欧洲文明之火，不仅仅是火车、轮船、蒸汽机……不仅仅是欧拉公式、拉格朗日方程、傅里叶变换……不仅仅是莎士比亚、黑格尔、马克思……它们像灯塔一样照亮了整个世界。彼得大帝引进了工程、建造……叶卡捷琳娜二世引进了欧洲的音乐、绘画、哲学……松软了俄罗斯农奴社会的土壤，俄罗斯崛起了，不仅仅是无线电、门捷列夫元素周期表、托尔斯泰、普希金……

文明之火传到美国，美国两百年前还是蛮荒之地，灯塔照亮了他们的创新，特斯拉的交流电、飞机、汽车……创新之火在美国大地熊熊燃烧，"硅谷八叛徒"在餐厅的一张纸巾上创立了仙童公司，仙童公司的分裂，点燃了整个世界半导体产业的烈火……

在灯塔的照耀下，整个世界都加快了脚步，今天技术与经济的繁荣与英欧美日俄当年的技术灯塔作用是分不开的。

作为世界级的商业领袖，任正非的视角总是超越国界、政治、宗教，站在全球的高度、站在人类历史的长河中。任正非简单地回顾了中西方思想与文化、技术的发展史，肯定了先进的思想、文化与技术等对全人类的积极影响。

任正非表达了一个非常重要的观点——今天技术与经济的繁荣与英欧美日俄当年的技术灯塔作用是分不开的。

我们可以从两个方面来理解任正非的观点：第一，全世界进步到今天，与英美日俄等资本主义国家的技术发展有强相关性，这些国家的技术进步推动了全人类的进步。任正非肯定了这些被很多人认为是"腐朽的、堕落的资本主义国家"的重大作用。至少在任正非看来，这符合客观事实。第二，在任正非看来，即使没有了技术保护，我们也应该尊重那些为人类进步作出过贡献的人，而不是得了便宜还卖乖、吃完奶就骂娘。

任正非说：

我们公司也曾想在突进无人区后作些贡献，以回报社会对我们的引导，也想点燃5G这个灯塔，但刚刚擦燃火柴，美国就一个大棒打下来，把我们打昏了，开始还以为我们合规系统出了什么问题，在反思；结果第二棒、第三棒、第四棒……打下来，我们才明白，美国的一些政治家希望我们死。求生的欲望使我们振奋起来，寻找自救的道路。

无论怎样，我们永远不会忌恨美国，那只是一部分政治家的冲动，不代表美国企业、美国学校、美国社会。我们仍然要坚持自强、开放的道路不变。你要真正强大起来，就要向一切人学习，包括自己的敌人。

在中美贸易摩擦日益加剧、美国政客对中国实施强硬政策、华为被美国等多个国家严厉打压的背景下，任正非依旧保持清醒的头脑、高屋建瓴的态度，以发展为核心要务，不因噎废食、不盲目自大、不拉仇恨。这种客观冷静、独立思考的态度让人敬佩。

任正非说：

人类社会的下一个文明是什么？还会不会产生一个类似汽车、信息产业这样的产业？我说的"汽车"是泛指，包括飞机、轮船、火车、拖拉机、自行车……"信息产业"也不仅仅指电子工业、电信互联网、人工智能……未来技术世界的不可知，就如一片黑暗中需要灯塔。点燃未来灯塔的责任无疑要落在高校身上，教育要引领社会前进。

对未来的不确定性，除了给科研更多一些自由、对失败更多一些宽容外，应从对孩子们的教育抓起，中国的未来与振兴要靠孩子，靠孩子唯有靠教育。多办一些学校，实行差别教育，启发他们的创新精神，就会一年比一年有信心，一年一年地逼近未来世界的大门。二三十年后，他们正好为崛起而冲锋陷阵，他们不是拿着机关枪，而是拿着博士的笔。我今天看见你们在这个泡沫社会中，这么多人坐着冷板凳，研究出这么多理论与技术成果，出了这么多优秀的人才，我很兴奋，相信我们国家在二三十年以后或者五六十年之后，一定会大有作为的——为人类作出更大的贡献，希望寄托在你们身上。

越是引领世界通信产业的发展，华为越是发现前途渺茫，越是感觉到教育尤其是基础教育的重要性。没有随随便便的崛起，尤其是在技术演进上，看似某个科学家天才的创造推进了技术的巨大进步，其实本质上是其所在国家和地区长期教育投入的结果。

任正非看到了中国科技的差距，更看到了中国教育的差距。多年来，任正非一直呼吁中国要重视教育，尤其要重视基础教育。这种重视，不只是建设漂亮的教学大楼，还包括先进的仪器设施，以及先进的教育模式、先进的教育理念，等等。

任正非用了几个具体的数据对比中国与美国、世界的科技差距——"我们把英国工业革命的指数定为100的话，美国今天是150，我国是70"。很多中国人看到这里，会非常惊讶——没有想到，在任正非的观念里，中国与美国的差距如此之大！其实，有很多数据可以证明任正非的这种判断，我们没有必要大篇幅论述任正非这种判断的正确性。这句判断也从侧面佐证了，面对无数人对华为的无限拔高，甚至吹捧，为什么任正非一直保持谦逊的态度，一直说要向美国学习。

任正非在这段话中还有一个非常重要的观点——"中国缺的30%是原创"。当然，这里的"30%"只是一个概念，并非实指，任正非的意思是，中国在很多技术方面需要下功夫解决原创性问题。而原创离不开知识产权的保护。华为非常重视知识产权保护。华为如果要用到某些专利技术，一定会取得对方的授权，要么交换技术、要么掏钱，华为每年付出的各种技术许可费高达几亿美元。对于这笔巨额开支，任正非非常认可，在他的观念里，别人投入了巨大的研发费用，取得了技术的进步，后来者支付专利费等是理所应当的，这样才能鼓励创新。

我有一个朋友，喜欢买一些品质好但非常贵的商品，她愿意为高价值买单。她的理由就是，高价值的商品背后一般是更高价值劳动的付出，如果没有人为它们买单，那么，就会逐渐没有人研发和生产这些高价值产品了，社会就容易进入劣币驱逐良币的恶性循环。

朋友的这种心态是值得推崇的。如果整个社会都不愿意支付知识产权费用，社会就无法形成创新的氛围，社会的创新机制就难以形成。

任正非说：

我们公司过去是依托全球化平台，集中精力十几年攻击同一个"城墙口"，取得了一点成功。我们过去的理论基地选在美国，十几年前加大了对英国和欧洲的投入，后来又增加了日本、俄罗斯。美国将我们纳入实体清单后，我们把对美国的投资转移到俄罗斯，加大了对俄罗斯的投入，扩大了在俄罗斯的科学家队伍，提升了俄罗斯科学家的工资。

我们希望十年、二十年后，我国的大学肩负起追赶世界理论中心的担子。我们国家有几千年儒家文化的耕读精神，现在年轻妈妈最大的期望是教育孩子，想学习，想刻苦学习，这是我们这个民族的优良基础，我们是有希望的。中国是可以有更大作为的。

这段文字透露了任正非的心迹以及华为的技术演变脉络——依托全球技术平台是华为过去30多年高速发展的基础。过去30多年，华为凭借对国际领先同行的模仿、学习，逐步形成了自己的技术门槛——有基础技术的授权、购买，也有人才的引进、合作等，总之，华为的进步离不开全球技术平台这个大背景。

华为非常期望继续沿着这样的技术演进路线前行，但是中美贸易摩擦不断升级、美国政府对中国的强硬态度中止了这个路径依赖。华为不得不将科研重心转移到欧洲、日本等地。这种转移透露着许多无奈，甚至悲壮。

任正非由此设想，二三十年以后，中国的科研力量能够崛起，全面引领世界。但是，对于这个美好期望，任正非自己其实也没有太大把握。

04 / 要相信科技是向善的

我们在享受科技进步带来的便利的同时，对科技发展可能导致的风险也日益警惕。甚至有些人担心，人工智能（AI）、生物技术的发展最终会毁灭人类。

华为已经站在了通信与信息技术的最前沿，其涉足的 AI、云计算等尖端技术也一度引发了不小的争议。

对此，任正非如何看待呢？

2020 年 1 月，在瑞士达沃斯举行的 2020 世界经济论坛上，任正非说：我们要看到科技是向善的，科技发展不是为了作恶，而是向善。比如，全世界正在大力发展人工智能，其未来发展空间很大，现在有人担心人工智能会威胁到人类，我觉得在一定的科技伦理约束下，我们没有必要对人工智能过于恐慌。

我认为任正非是一个理想主义者，他对这个世界的理解更多是从纯技术的角度出发的，从技术演进的角度看，包括人工智能在内的未来科技，都是以造福人类社会为目的的。华为目前大力研发的人工智能技术更是如此。任正非呼吁全世界理解科学家们的努力，要相信科技是向善的。

我从以下两个方面来理解。

第一，科技发展总体上是利大于弊的。

在瑞士达沃斯举行的 2020 世界经济论坛上，《未来简史》的作者赫拉利教授提出，随着信息技术，尤其是 AI 技术的发展，电子技术有可能侵入人类思维，和人融成一种新的形态，这有可能成为一种新物种，这种新物种有可能威胁人类。

赫拉利教授的这种观点在很多科幻影视作品里有呈现，于是很多人开始担心，科技一直发展下去，尤其是 AI、生物技术持续发展下去，会对人类自身产生威胁。

任正非承认，科技曾经给人类带来灾难。

1945 年，两颗原子弹在广岛爆炸。此后很多年，核弹一直是人类社会的最大威胁。任正非曾经回忆说，他七八岁时感受到，人们最大的恐慌就是原子弹，全球都恐慌原子弹。

过去，科技只是一种工具，是由人类创造并完全为人类掌控的工具。科技本身并没有好坏之分。就如核能，既可以制造出危及人类生存的原子弹，也可以用于核能发电、制造核动力船舶等造福人类，还可以广泛用于放射性医学等。

如果回顾更长的人类发展史，我们可以发现，过去几千年，技术进步比较缓慢，当火车、轮船、纺织机械……出现的时候，人们也出现过一些小的恐慌，但是后来工业社会的发展把这些恐慌消除了。比如，汽车刚刚被发明的时候，引发了很多交通事故，更导致很多马夫失业，引发社会问题，很多人因此强烈反对汽车的使用，更反对发展汽车工业。但是今天，汽车已经成为寻常之物，为人类社会带来了巨大的便利。

今天，信息技术、生物技术、物理、化学、神经学、数学……各种技术的突破、跨学科和跨领域的突破、学科交叉创新的突破，给人类社会积累了足够的能量，这个能量积累到一定程度，到达临界点时，都会发生智能爆炸。人们很快就可以接受和适应新技术带来的便利。所以，对于新兴技术，有一些担心甚至恐慌也是正常的。

总体来说，科技进步大大提升了人类的生活品质，提升了生产效率，提高了人类对主客观世界的认知。人类的进化史，某种程度上来说，就是科技进步史。

在任正非看来，赫拉利教授设想的电子技术侵入人类思维，和人融成一种新的形态，在未来二三十年或者更长时间内还不会出现。所以，今天我们没有必要对人工智能这么恐慌，至少在可预见的时期内，人工智能的发展不会对人类有多么大的伤害。

第二，华为的前沿技术属于偏远的应用。

华为将 AI 作为下一步发展的重点方向之一。但是，华为的 AI 技术基本上属于偏远应用，比如用于辅助自动驾驶、智慧城市、矿山开采等。华为的这些 AI 技术目前只是用于改造生产过程，提高生产效率，创造更多财富。这些辅助生产的应用，当然不会有太多威胁人类生存的风险。所以，任正非呼吁，全人类最终都应该很好地利用人工智能，研究如何使其造福人类。

2019 年 6 月 17 日，任正非与两位著名美国技术专家尼古拉斯·内格罗蓬特和乔治·吉尔德在华为深圳坂田总部进行了长达 100 分钟的交谈。当谈到未来技术趋势时，任正非认为，二三十年之后，人工智能将是主要创新动力。

任正非呼吁大家应该对创新更加宽容，而不是持续讨论 AI 创新的正确与否。他说："我们应该拥抱 AI，AI 能够让大家更富裕。"

2020 年 1 月，华为多个业务部门负责人调整，伴随着新一轮人事任命，华为组织架构调整浮出水面，其中最引人关注的是华为"Cloud & AI"BG（云计划和人工智能事业部）上升为华为第四大 BG（独立子业务集团），与运营商 BG、消费者 BG 和企业 BG 属于同一级别。

这是华为适应趋势性技术进行的又一个布局。作为一家站在业界最前沿的企业，华为必须把握趋势性技术，抢占商业机会。

当然，科技发展之迅速，或许会超出我们的想象。为了防止科技可能给人类带来的风险，赫拉利教授建议，人类社会要制定一些规范，约束科学研究的范围和边界，适当控制科技的走向，这就是科技伦理问题。

对于科技的未来，任正非显然更加宽容和乐观，他认为，在新技术面前，人类总会利用它来造福社会，而不是利用它来破坏社会，因为绝大多数人向往的未来是幸福的生活，而不是受磨难。

05 重大发现不存在知识瓶颈

2018年，任正非先后在英国剑桥和伊普斯维奇研究所，与华为英国员工座谈。任正非说，英国工业革命时期，发明了对工业革命起到革命性意义的蒸汽机的瓦特，当时只是一个锅炉修理工，并没有多少文化，所以说，重大发现是不存在知识瓶颈的。

任正非鼓励华为的科学家和员工，既要有深厚的知识储备，又要有瞬间的奇思妙想，不断推动科技发展，构建万物智能的人类社会。

任正非所说的"重大发现不存在知识瓶颈"有几层含义。

第一，很多重大发现都源于灵感和偶然。

任正非显然是从很多科学发现、发明中发现了这一现象。

比如，传说地球和天空的经纬度是英国的纺织女工发明的。最早的天文学家天天看星象，发现星星数十年还在那个位置，由于没有很好的参照物，很难观测天体运行的情况。一天晚上，这位天文学家累了，就找纺织女工来替他观察星星。纺织女工也搞不清楚，她突然想到可以将纺织机上的那些格子放到观测仪器上，给星星一个定位。这个做法启发了这位天文学家，他突然开窍，发明了经纬度，经纬度随即被广泛应用到航海、天文观测上。

微波炉的发明者是一个名叫珀西·斯宾塞（Percy Spencer）的美国人。1945年的一天，这位美国工程师在启动雷达设备时，发觉自己口袋里的巧克力融化了，经过研究，他发现原因竟然是机器释放的微波。他利用微波加热的原理发明了微波炉，被称为"微波炉之父"。

华为有几万人的研发团队，成员知识层次不一，有博士、博士后研究人员，也有知识水平比较低的技术工人、普通员工。任正非显然非常重视学识渊博的科学家们的工作，但他也没有忽略普通员工的创造性，因为历史上很多重大发现源自普通人。

科学之门向所有人敞开，从这个意义上看，任正非所说的"重大发现不存在知识瓶颈"是成立的。

但是，科学研究需要建立在细致的现象观察与严谨的数据收集和研究上，需要科学研究者反复地推演、测验，还需要具备一定的专业知识。

第二，重大发现离不开专业知识。

上文提到的那位纺织女工，她将纺织用的格子放到观测仪器上，只是将天体粗略地定位了，至于经纬度的发明，还是那位天文学家实现的，因为从发现一些简单的现象到总结、抽象出来更专业的应用，需要专业的知识。

上文说的斯宾塞先生因为一块小小的巧克力，就发明了微波炉，但不为人知的是，斯宾塞先生在发明微波炉之前，已经是世界顶尖的雷达管设计专家之一了。他不是第一个发现巧克力融化的人，却是第一个把这个作为现象进行研究的人。

第三，华为的科学家们已经具备了重大发现的基础知识。

华为有25000多名员工从事研发工作，累计投入的资金高达几千亿元。可以说，华为聚集了全球行业内顶级的科学家、研究团队，这些专家分布在世界各地，既有与华为关系紧密的全职员工，也有与华为关系相对松散的兼职科学家。可以说，华为的科学家和研究人员，在专业知识储备上，已经具备了条件。

遗憾的是，在任正非看来，迄今，华为没有一项原创性的产品发明。过去，华为主要做的、所取得的成绩都是在西方公司的成果上进行一些功能、特性上的改进和集成能力的提升，更多是表现在工程设计、工程实现方面的技术进步，与国外竞争对手几十年甚至上百年的积累相比，还存在很大差距。这是华为的现实，更是中国公司的生存现状。

华为的科学家和研究者既然具备了深厚的专业知识，为什么还没有重大发现，甚至连一些重大原创技术都没有呢？

我觉得主要有以下两个原因：

第一，知识的海洋毕竟是无穷尽的，个体的知识储备在浩瀚的知识海洋里几乎是微不足道的。之前，华为科学家们的协同性不是很好，主要工作是以个体的形式进行的，华为两万多名研究人员、几千名科学家的协作效应没有很好地发挥出来。由于IT技术，尤其是AI技术的深入运用，分散在几万名研发人员脑中的知识将被链接起来，科学家们从原来的分散个体成为一个整体，变成一个"超强大脑"，加上超级计算机的运用，现有的知识将不断裂变、不断被更新，华为的研发会进入一个崭新的发展阶段。

第二，华为的科学家们需要一点运气。对于有心人来说，有时候，基本的知识储备就足够了，有时候需要的是发现的眼睛、运气等。

华为鼓励科学家们要仰望星空，不光老科学家可以仰望星空，年轻科学家也可以仰望星空，因为人类社会的很多发明，不全是基于深厚的知识储备，也有很多是一瞬间的奇思妙想、偶然发现造就的。任正非鼓励华为的科学家和员工去开拓创新，不要妄自菲薄，说不定别人偶然说的一句话，就"点破了人类社会的秘密"。

我相信，未来几年内，华为科学家们应该会有重大发现。

任正非鼓励所有华为人"重大发现不存在知识瓶颈"，这是对全体华为人的鼓励，更是深切的希望。让我们共同期待吧！

06 既要敢于领导世界，又要低调合作

2014年是华为的"登顶"之年。这一年，在各家视为"命脉"的运营商业务上，华为首次实现了对行业领头羊爱立信的超越，成为世界最大的电信设备制造商。这一年，华为运营商业务营收310亿美元，增速16.4%；而爱立信的增速为0.3%，营收293亿美元；第三名的阿尔卡特朗讯、第四名的诺基亚的营收合计还不如华为一家！

在这一年11月召开的内部战略务虚会上，任正非第一次喊出了心底的话："我们公司就像赛跑冠军一样，终于跑到世界的边缘线。大江大河、大海大浪，信息的洪流即将起来了，我们有乘风破浪的机会，要有勇气搏击这个世界。"

这段讲话表明，在带领华为进行了艰苦卓绝的28年奋斗之后，任正非吹响了华为未来发展的集结号！

此时的华为，不但销售额跃居行业第一，而且在5G等核心技术上领先同业两三年。但是，世界电信产业的领头羊之前一直是西方国家的公司，在华为成为行业领导者的过程中，以及之后，传统的行业领导者必然不会轻易让出领导者的宝座，华为必然遭遇西方公司乃至西方某些国家的打压。这对于华为来说，肯定是一个巨大的压力。

任正非等华为管理层对这种压力早有预期。华为将自己向世界技术最高峰和世界行业领导者攀登的过程比喻为从北坡攀登喜马拉雅最高峰。攀登喜马拉雅最高峰，一般是选择南坡，因为南坡是传统路线，坡度比较平缓，而且温度相对比较高，登山路线非常成熟，供给等保障体系也非常完善；而北坡非常寒冷、陡峭，历史上几乎还没有人从北坡攀登过，补给等支援系统也跟不上。因此，从北坡攀登的难度更大。但华为选择的就是北坡路线。因为华为的基础很差，没有良好的装备，只能选择别人不愿意走的路线前进。

任正非在接受媒体采访时说：华为与西方公司在技术的"喜马拉雅"最高峰遭遇的时候，华为肯定是输家，华为拼不过它们。因为这些西方发达国家的公司，在爬南坡的时候带着牛肉、罐头、咖啡，装备精良，保障条件非常好；而从北坡攀登的华为，只是背着干粮，在条件非常简陋的情况下攀登。

这段话体现了华为勇于承担领导责任的无畏精神，即使有各种羁绊、即使面临各种困难，华为还是要勇敢前行，挑战传统的领导者。

成为世界最大的电信设备制造商，并且在5G技术等多个领域领先同行两三年，这充分说明，华为从创业初期的追随者、创业中期的模仿者，变成了如今的行业领导者。

任正非说：在这个英雄辈出的时代，一定要敢于领导世界。

敢于领导世界是说要勇于承担指引技术发展方向、探寻未来发展路径的责任，坦然面对不确定性对公司未来经营带来的巨大风险，愿意为此进行巨大投入并承担这种风险。

成为领导者，这是华为靠自己的实力提升的结果，更是这个时代赋予华为的责任与使命。无论如何，既然华为被历史推到了领导地位，就不会瞻前顾后、畏缩不前。

华为2012实验室的一项重要职责就是进行技术前沿的研究；华为还在世界范围与大量科学家广泛合作，资助他们进行技术路径的探索，但又不会占有他们的研究成果，只是需要知道他们的理论与假设是否可行。这种探索基本上是开放性的，更广泛的意义是为人类探寻IT与通信技术发展路径的可行性。

华为在某些技术方面的探索走得很远，比如在研究未来 10 年甚至更长时间才有可能用到的技术上，这些技术探索很大程度上是在为人类社会作贡献。

华为在向世界电信与 IT 技术的"喜马拉雅"最高峰攀登，尽管困难重重，但终有一天会登顶，与传统的领导者比如美国公司遭遇。遭遇之后，华为该如何办？

任正非说：这时我们决不会和美国人拼刺刀。我们会去拥抱，我们会欢呼，为人类数字化、信息化服务胜利大会师，多种标准胜利会师。我们的理想是为人类服务，不是为了赚钱，也不是为了消灭别人，大家共同实现为人类服务，不更好吗？

任正非还强调，华为取得优势以后，不能处处与人为敌，要跟别人合作。

低调合作是说，虽然在某些领域已经成为行业领导者，但要继续保持低调、心态平和，不可以骄傲自满，不能以自我为中心，不可以封闭，要广泛吸收世界范围的先进技术和优秀的理念，广泛合作。这种合作既包括购买某些不需要自我研发的技术，也包括通过授权等直接使用的技术，还包括成立联合实验室等；当然，也包括吸纳最先进的管理理念、借鉴最科学的管理模式等。

事实上，这些年来，华为一直是这样做的。华为取得技术优势的 5G 技术，就是在国外某个教授发表的论文的基础上研发出来的，如果没有这种开放的心胸，华为的 5G 技术不可能取得如此大的突破。另外，单单 2014 年，华为在全球 9 个国家建立了 5G 创新研究中心，承建了全球 186 个 400G 核心路由器商用网络。开放、合作一直是华为秉承的重要原则。

第三章 客户逻辑

自己生产的降落伞自己先跳

HUAWEI

01 从广州某中学餐厅的服务提升看如何学习华为

有一年,广州某私立学校初三年级段的很多孩子反映,吃饭排队时间过长,去餐厅稍微晚一点就没有饭菜吃了,孩子们只有饿肚子等系列有关餐厅服务的问题。

该校是一所开办时间很长、年学费在10万元左右、比较好的私立学校。在这种学校出现让一些孩子饿肚子的低级错误,实在让家长们不可思议。

家长们通过孩子了解到,该学校餐厅存在如下问题:

首先,孩子们就餐的排队时间过长,基本上有20分钟左右。这是餐厅服务人员过少、孩子们集中用餐等原因导致的。孩子们中午只有不足两个小时的用餐、休息时间,打饭时间超过20分钟,基本上就没有写作业和休息的时间了,为此很多孩子不去吃饭。

其次,部分孩子下课稍微晚一点,到餐厅后就没有饭菜了。出现这种情况有两种原因,一是餐厅到了供餐截止时间就将剩余的饭菜倒掉;二是这个学期开学后,该学校增加了两三百名学生,学校餐厅准备的饭菜不够。这次出现的没有饭菜吃的情况,主要是后者导致的。孩子们排队到了打饭窗口后没有饭菜了。

其实，这所学校的餐厅有规定，对于晚到（主要是老师拖堂，或者上第二课堂等）的学生，应该重新做饭，满足学生的用餐需求。但根据家长们的亲身体验、亲眼见证，以及孩子们的反映，餐厅对于晚到的孩子基本上是置之不理的，部分家长亲眼看到过很多次，孩子们晚到后，没人搭理他们。餐厅员工在忙着收拾餐具，没有人热情地迎上来问孩子们是否需要重新做饭，孩子们都是转一圈后自己走了，要自己去解决餐食问题。开学第一周，很多初三的孩子没有吃好饭，回家后让家长带一些方便面过去，防止再出现那种情况。

这个餐厅问题的本质是服务意识不到位，相关机制缺失。

如果我们以华为的服务文化来参照，就可以非常清晰地看到那个餐厅服务文化的缺失。

在华为，为客户服务是华为存在的唯一目的，以客户为中心是华为文化的核心，也是华为竞争力的核心。以客户为中心就是要将客户的利益作为最高利益，就是全心全意地服务客户，就是不追求利益最大化。华为提出"眼睛盯着客户，屁股对着领导"。但现实中，大量企业、机构，都是以领导为中心，一切以领导的喜好为标准，以满足领导的需求为重点。

以华为的服务文化为参照，回顾那所学校餐厅的服务，我们可以发现这个餐厅的服务存在如下几个问题：

第一，明明有孩子去晚了没有饭吃，餐厅服务人员不主动去问，更不主动服务，而是忙于收拾餐具。可以说，从该餐厅的主管到服务人员，根本没有以客户（学生）为中心的理念，他们只是在机械地完成自己的既定工作，工作完成就万事大吉了，至于是否满足了用户（学生）的需求，他们根本不会考虑，更别提主动了解客户（学生）的需求了。

第二，学校解释说，那个学期新增了两三百名新生，导致餐厅准备不足。这说明两个问题：首先，学校招生部门与餐厅等后勤服务部门之间沟通不畅，餐厅对于新增人数不太清楚，没有准备充足的食材，这是信息流不畅导致的；其次，餐厅知道新增人数，但对餐食准备不足，这是经验不足导致的。按道理，餐厅对于新增两三百人的用餐量应该有比较准确的估计，宁可多不可少，这才是正确的操作。要知道，这个学校有20多年的历史了，餐厅也不是刚刚开业的，而是一直服务于这个学校的，应对这种情况的经验非常丰富。退一步讲，即使开学前一两天，对于新增学生的人数、用餐量估计不足，那么第三天就应该迅速调整，解决问题。遗憾的是，整整一周都是如此状态。这说明，餐厅的应变能力很差，本质上看，说明餐厅负责人的责任心很差。认真只能把事情做对，用心才能把事情做好。该校的餐厅负责人，既不认真，也没有用心。

在该餐厅，在场的家长发现有孩子还没有用餐后，提醒餐厅服务人员要给孩子们再做一些饭菜，餐厅服务人员说要领导安排，但领导不在现场，最终没有人去做。

面对客户（孩子）如此显性的需求，还需要不在现场的领导决定是否可以做，而领导不在现场，就不去做。如此盲目地服从僵化的制度规定、服从领导的意志，完全没有将客户放到第一位。华为提出"让听到炮声的人呼唤炮火"，就是要让一线人员有决策权，可以随时满足客户的需求，而不是层层请示，经过漫长的流程才决定如何做，最终导致客户满意度下降。从这个学校餐厅的案例，我们很容易理解华为"让听到炮声的人呼唤炮火"的含义。

该餐厅出现这种问题，显然是没有"以客户为中心"，存在管理不到位的问题。这说明，该餐厅的管理能力低下，管理思维僵化。如果在企业，这属于严重的管理失误，当事人是要被追究责任的。

其实，该餐厅的服务出现上述问题，不应该由孩子反映到家长，再由家长反馈到学校改进，而应该由学校餐厅发现这种情况后自行改进、调整，满足孩子的需求。这才是正常流程。现在由家长反馈，已经说明餐厅自身改善的机制失灵了，缺乏自我改进、提升服务的能力。

该餐厅知道我长期研究华为、熟悉华为"以客户为中心"的文化，就请我去学校给管理层进行了华为"以客户为中心"的主题培训；而后，该学校又请我带领其管理层去华为松山湖基地游学，现场学习、亲身体验华为的高品质服务。培训后，该餐厅进行了管理提升。

那么，这所餐厅后来改善情况如何呢？家长们后来又去检查了几次，发现该餐厅的服务水平提升了很多。

首先，餐厅发动了部分老师在孩子们的就餐高峰期帮厨、给孩子们打饭，解决餐厅在就餐高峰期服务人手不足的问题。

其次，给初三、高三学生开设了专门的窗口，让这些学习更紧张、经常下课晚的孩子不用排太长时间的队就可以吃到饭菜。

再次，适当延长了供应餐食的时间，而且对于学校举办运动会期间孩子们就餐时间比较晚等特殊情况，餐厅专门推迟并延长了供餐时间，确保所有孩子都能够用餐。

最后，该餐厅也提升了服务意识。部分家长在餐厅看到，供餐时间结束后，一旦有孩子过来，餐厅服务人员就会主动迎上来询问是否还没有用餐，如果孩子们还没有用餐，而餐食已经没有了，餐厅可以立即重新给他们做饭。

从这个餐厅服务品质的改善可以看出，华为以客户为中心的服务文化，不只是一句口号，而是要融入大家的观念里，落实在大家的行动中。只有当所有人都自觉地做到了，华为以客户为中心的服务文化才算是建立了。

很多人都说学习华为很难，其实，从一些小事情做起，做到位、做到家，就是真正学习到了华为"以客户为中心"的文化。

02
苛刻的客户是最好的老师

任正非说：古人云，三人行必有我师，这三人中，其中有一人是竞争对手，还有一人是敢于批评我们设备问题的客户，如果你还比较谦虚的话，另一人就是敢于直言的下属、真诚批评的同事、严格要求的领导。

任正非要求每个客户代表、产品经理每周要与客户保持不少于5次沟通，坚持与客户进行交流。听一听客户的心声，华为就能了解客户的想法。

他说：我们华为今天之所以有进步，就是客户教我们的嘛。不断地与客户进行沟通，就是让客户不断帮助我们进步。

关于任正非说的"苛刻的客户是最好的老师"，可以从两个方面来理解。

第一，客户所挑剔的正是客户关注和需要的。

世界知名的艾德曼财务顾问公司执行长理查德·爱德曼（Richard Edelman）说：愿意给予意见的客户才是好客户，因为他们才是真正在乎你的人。

苛刻的客户是最好的老师，他们让你懂得，客户的需求是什么。

华为很早就意识到了这个问题。早在2000年，华为就将过去的客户经理制转变为客户代表制。客户经理是单方向的、推介式的。客户代表首先必须代表客户，是代表客户监督华为公司运作的。这样，华为就可以积极主动地了解客户的需求，更方便地满足客户了。

我认识一位华为的高管，刚进公司的时候，他就做了客户经理。他当时被派驻到珠三角的一个小城市。这个城市的电信设备绝大部分使用的是另外一家公司的，而且客户没有新的设备采购计划。

根据以往的经验，节假日的时候，电话使用量会有非常大的增长，容易导致设备超过负荷而出现故障。我这个朋友就给客户建议，要防止出现这种问题。由于这个地方的电信设备从来没有出现过这种问题，客户对这个提议并没太在意。但这位华为的客户经理反复提出这个问题，并且诚恳地说，可以为这家公司申请一批设备先安装到他们的机房，如果客户已有的设备出了问题，可以马上启动华为的这套设备应急，华为先不收钱。这种设身处地地为客户着想的建议终于打动了客户，华为就免费为这家公司安装了设备。

不久就到了六一儿童节，意外真的出现了。当天，这个城市的电话使用量激增，导致通话大范围堵塞，很多电话无法正常使用。客户慌了，赶紧向华为求助。那位华为的客户经理立即调动技术人员赶到，与客户公司的技术人员一起将备用的华为设备接入，在最短时间内解决了难题。客户在支付这套设备款项的时候，华为的这位客户经理又给客户争取到了不少优惠。

这件事情最终让客户认可了华为，华为也在当地占据了一席之地，后来，华为成为当地最大的电信设备供应商。

第二，苛刻的客户可以让企业快速成长。

苛刻的客户要求严格，可以让企业用更严格的标准审视自身的不足，弥补短板。

先讲一个客户对华为认证"鸡蛋里挑骨头"的故事。

华为想进入日本主流电信市场，但一直没有机会。为了让日本的主流运营商认可，华为邀请日本客户K公司进行认证。

2008年7月，客户的资深认证官福田先生来到华为深圳基地以及松山湖的生产线，进行质量检查和选定合作前的厂验。

此前，华为刚刚通过英国电信的严格认证，ISO9000、TL9000、ISO14000等证书拿了一大摞，所有人都自信满满，认为K公司的认证不在话下。

第一次认证完毕，华为工厂有93个不合格项。华为人的第一反应是震惊，然后是难以接受，有人甚至说："我们在质量方面已经做得很不错了，这是吹毛求疵。"

这93个问题，涉及厂房环境温湿度控制、无尘管理、周转工具清洁等，很多地方其实远远超出行业标准。但大家认真讨论后，认为客户是真诚的，不是来"找茬"的，客户的经验也是非常值得借鉴的，华为在质量上必须有更高的进取心。

接下来几个月的时间，华为以K公司的要求为标准，对设备、现场、员工教育等进行了大量的优化。

客户初次厂验时曾提出，焊接时一定要使用氮气，因为使用空气焊锡的纯度不高，氮气可避免焊接时引入杂质，导致未来线路故障的隐患。尽管肉眼根本识别不出两者的区别，但华为特意在生产线上新建了一条氮气管道。半年后，福田再来检查，华为终于达标了。

正是因为被非常苛刻的日本客户、英国客户等不断地"折磨"，华为从生产制造到研发思维不断转变，公司整体质量才有了极大的提升。

除了外在的压力，华为内部也在不断地自我加压，以提升客户经理的服务水平。

2010年，华为建立了一个特别的组织——客户满意与质量管理委员会（CSQC）。

这个虚拟化的组织存在于公司的各个层级。在公司层面，公司的轮值CEO亲任CSQC主任，下面各个层级也都有责任人。这样，就保证了每一层级的组织对质量都有深刻的理解，知道客户的诉求，从而把客户最关心的东西变成公司进步的动力。这是一个按照公司管理层级设计的正向体系。

华为还有源于客户的逆向管理体系。比如，华为的运营商事业部每年都会召开用户大会，邀请全球 100 多个重要客户的高管到华为，用三天的时间、分不同主题进行研讨，研讨的目的就是给华为梳理出一个需要改进的 TOP 工作表单。华为基于这个表单，逐一与客户沟通，针对性解决问题。第二年的大会召开时，第一件事就是汇报上一年的改进状况，并让客户投票。

华为通过这种客户端的反馈，促进内部工作质量和效率的提升。客户反馈的问题越多、要求越苛刻，华为的改进就越好。

03
把复杂留给自己，把简单留给客户

2018年10月，任正非在华为上海研究所5G业务汇报会上，要求研发部门要把5G设备做到网络架构极简、交易架构极简、网络极安全、隐私保护极可靠、能耗极低，全面实现领先。任正非说，华为要"把复杂留给自己，简单留给客户"。

该怎么理解这句话呢？

不知道你是否用过1996年左右的计算机。那是我第一次接触计算机，当时的操作系统是DOS系统，操作界面很简单，开机流程很复杂，我学了好几遍都没有学会，更别提后面的操作了。

1999年，我用上了Windows操作系统的计算机，不但界面美观，操作系统也极其简单。于是，我买了人生中第一台电脑。

再后来，我又买了一台当时最先进的电脑，安装的是Windows XP操作系统，这个操作系统更简便。

我后来查询了才知道，原来Windows XP操作系统把消费型操作系统和商业型操作系统融合了，结束了Windows两条腿走路的历史，是第一套既适合家庭用户，也适合商业用户使用的新型Windows系统。

现在想想，微软公司就是"把复杂留给自己，简单留给客户"的一个典型。

华为当然也是这样做的。

2019年12月上市即热销的一款华为路由器，以一碰连网、儿童上网保护等功能创新，得到了消费者的高度认可。特别是全球首发的"一碰连网"创新功能，更是成了最大亮点。

一碰连Wi-Fi，用户用起来当然非常简单、方便，但华为的研发过程可是曲折和复杂的。这主要是由于以下三个问题：

第一，触碰区域的布局。

由于技术及使用风险等，开发团队最开始将一碰连网的触碰区域设计在了路由器正前方，美其名曰"触碰区域"——用手按键或用手机触碰，都能实现"连接"。但在测试体验中，大家几乎一边倒地认为，触碰感应的位置放在路由器的顶部比较合适，手机自然摆放就能完成接近感应，也能使用户方便地看到手机屏幕上的提示，而放在正前方，要变换握手机的姿势，而且触碰以后也看不清手机屏幕上的提示，体验感很差。

架构师开始不太同意，因为这样设计，顶部需要额外增加一块面板，不仅会提高成本，组装难度也会增加，还会加大用户手机与Wi-Fi天线过于靠近导致器件损坏的风险。

最终，产品架构团队推翻原始的架构设计，在顶盖内部增加了NFC（近距离无线通信）感应板的空间。华为路由器一碰连团队对20种以上的天线造型进行了仿真和实际验证，最终筛选出匹配最好的方案，既能保证有效感应距离足够远，又能保证有效感应面积足够大、响应时间足够快。

第二，Wi-Fi密码安全怎么保障？

华为将NFC一碰连网能够支持的手机范围扩展到了所有支持NFC的安卓手机上，而非仅限于华为手机。这就需要与第三方手机兼容。

最初，开发团队的方案是把一碰连需要的信息参数存储到NFC标签中，手机一碰连时NFC芯片自动传给手机，但按这个方案的话，密码就会外泄，有安全隐患，而且路由器断电的时候也会自动连接。最终，技术团队将方案更改为不存储Wi-Fi参数，手机触碰时去系统获取，这样虽然难度和复杂度增大了好几倍，但是用户信息的安全更有保障，路由器关机后一碰连也不能使用。

为了方便用户进行配置，华为路由器出厂时，Wi-Fi默认是没有密码的，但这种模式导致部分其他品牌的手机触碰后无法正常连接路由器。技术团队分析排查后发现是手机安卓系统的bug（漏洞），但这涉及第三方手机的兼容性问题，华为肯定无法让所有手机修改系统、解决此问题。这样，华为的工程师们就只能不为难安卓而为难自己了。终于，大家找到了一个方法巧妙应对，在路由器上规避了安卓的这个bug，使得用户手里的老手机也可以一碰连了。

第三，如何更简单地配置路由器。

不知道您是否亲自操作过路由器的配置。

我家有好几个路由器，我自己配置过一次，真的好复杂，尤其是前几年的那种路由器，一定要用电脑和网线连接，然后登录一个网址，再填写一堆资料。如果没有电脑和网线，你根本无法配置。现在的路由器基本上都可以用手机配置了。虽然不用电脑和网线了，但一样需要手工输入网址，也挺麻烦的。

那么，能不能手机一碰连Wi-Fi后自动打开配置页面，让消费者更容易去配置路由器呢？

实际上，华为路由器早已实现了自动登录配置页面的功能，用户一碰连接Wi-Fi后，不用自己去输入网址，配置页面会自己跳出来，用户只需要设置用户名、密码就可以了，非常简单。

然而，一个新的问题出来了。有些喜欢扫码登录的用户，看到二维码就去扫，他们喜欢扫码登录配置路由器，扫码登录后，一碰登录也在发挥作用，于是就会多弹出一个配置网页，出现重复配置。

这就是一碰就连要解决的一个问题——如何识别、区分用户的来源，只推送一个对应的配置页面。

华为的开发人员反复头脑风暴、测试，最终成功区分开了是通过一碰连进来的还是通过APP连上来的，既能保证一碰连Wi-Fi后自动打开配置页面，又能保障APP配置路由器时不会被额外的一个配置页面遮挡，从而使得路由器的首次配置更加简单顺畅。

我刚才举的还只是华为路由器一碰就连这一个小小功能研发过程中解决的几个小小的关键问题,实际上要解决的问题有 10 多个。华为的工程师们为了给消费者最佳的体验,真的可以说是煞费苦心,只为践行"把复杂留给自己,把简单留给客户"的原则。

"把复杂留给自己,把简单留给客户"本质上是以客户为中心,要做到这一点,就要在技术上不断创新,将客户看成一个"傻瓜",尽可能提供"傻瓜式"操作,客户越是操作简单,对你的产品就越是喜欢,当然,要想做到这一点,企业要有非常复杂的内部系统去支撑。

04 / 服务也是一种竞争力

首先，我们要搞清楚什么是服务。

服务是指履行职务，为他人做事，并使他人从中受益的一种有偿或无偿的活动。服务的特点是不以实物形式而以提供劳动的形式满足他人的需要。

著名营销学大师菲利普·科特勒这样定义服务：服务是一方能够向另一方提供的基本上是无形的任何功效或礼仪，并且不导致任何所有权的产生，它的产生可能与某种有形产品密切联系，也可能毫无联系。

服务可以成为强大的竞争工具，帮助企业提升在竞争中的战斗力。

任正非对服务的重要性有很明确的认识，他曾经说："华为取得既往成功的关键因素，除了技术、人才、资本，更是管理与服务。人才、资金、技术都不是生死攸关的问题，这些都是可以引进的，而管理与服务是不可照搬引进的，只有依靠全体员工共同努力去确认先进的管理与服务理论，并与自身的实践紧密结合，形成我们自己有效的管理与服务体系。"

任正非还说："管理与服务的进步远远比技术进步重要。没有管理，人才、技术和资金就形不成合力；没有服务，管理就没有方向。"

下面，我从三个方面分析华为是如何把服务做成竞争力的。

服务的第一个层次是基础层次，比如对客户售后需求的响应及时、能够解决客户的售后问题等等。这个基本上是售后服务的范畴。售后服务的态度等很重要，即使不能马上解决问题，也要让客户觉得你在设身处地地为他想办法，而不是推诿。

哈尔滨华为客户服务中心的技术顾问杨心蕊，对曾经接待的一位有听力障碍的用户记忆犹新。这位因听力障碍需要常年佩戴助听器的用户，向杨心蕊描述了使用手机时遇到的困扰——因为佩戴助听器，他只能借助有线耳机接听电话，但近期用耳机接听电话时会有明显的噪声。为了帮用户准确确定耳机噪声的来源，杨心蕊对手机进行了长达5个小时的专业测试，修复故障后，又在用户同意的情况下将手机留下复测了8个小时，以确保故障不会再次出现。几天后，用户再次来到服务中心的时候，为杨心蕊送来一面锦旗，这也让杨心蕊和服务中心的员工心暖如春。

第二个层次是通过服务进行二次甚至多次营销，让客户采购更多产品和服务。这种服务就是服务营销。从产品销售到服务营销的转变是未来的趋势。

我经常会收到一些保险公司的客服电话。由于我是他们的客户，他们很清楚我的情况，包括生日、车辆信息、住房等。这些公司经常来电话询问对他们产品和服务的意见，顺便介绍一些他们的新产品。有时候我就会顺便再买一些。你看，这就是典型的服务营销。

第三个层次的服务，是通过服务帮助客户降低成本、提升效率、创造价值，客户会为这种服务付费。这种服务其实就成了一种产品。

我通过一个真实的案例来谈华为是如何做这个层次的服务的。

在中国，看病是一大难题，看病之前要挂号，如果到现场排队挂号，有时候要等候一两个小时，很痛苦。河北保定儿童医院也存在这个难题。近几年，河北保定儿童医院的规模扩张得很快，旧院区及数据中心已经无法满足业务需要，这成为该医院发展的瓶颈。搬到新院区之前，每次去旧院区的门诊大厅，映入眼帘的都是大家在医院经常见到的密密麻麻等候挂号、缴费的人潮。曾经有排队等候的市民说："老院区孩子看病，差不多要一天的时间，各种排队等候就要占用三分之一的时间。"

河北保定儿童医院旧院区患者多、业务重，原有数据中心则空间小、设备老，无法承载新业务上线；同时业务可靠性差，数据中心核心 HIS（医院信息系统）存在单点故障风险，无法满足医院的发展；核心数据无保护措施，一旦发生故障，患者病例数据很难及时恢复。旧数据中心设备来自众多厂商，运维难度很大。

华为为该医院新数据中心量身定做了高容错双活解决方案。这个方案是容灾设计的最高等级，保障了业务永不中断、数据永不丢失。这就大大提升了业务运行效率，缩短了挂号、候诊和取药时间。该医院应用了华为的技术和服务后，高峰挂号效率提升了 10 倍，平均挂号时间从 30 秒缩减至 3 秒。当然了，系统运行也更加稳定，数据存储也更加安全了。

华大基因是中国乃至世界著名的人类基因组测序的研究和服务机构，每月会产生 300T 的数据，如何存储和分析这些数据，并且确保这些数据的安全？华为为其提供了这个服务——从旧系统切换到华为的存储系统，只需要两三个小时，而之前升级系统需要两三天；华为提供的服务，让华大基因的数据存储更安全、更高效，而且可以对数据进行深加工，产生更大的价值。

在以上两个案例中，华为不但卖了一些硬件设备，更将后期的服务打包卖了出去。华为早已经不只是一个硬件产品提供商，而是一个融合了高品质服务的综合解决方案提供商。

早在 2008 年，华为来自服务的收入已经超过 300 亿元。华为正在从向客户提供简单的产品向满足客户深度应用和需求的方向发展。

我们知道，IBM 是华为的老师。2009 年，IBM 的营收大约有 70% 来自服务。专家预测，未来产业价值链的最顶端将是服务。

华为也在走这样的路子，可以预见，未来华为在服务环节的投入会更多，从服务环节获取的收益也会更多。

05
协助客户成功才是真的成功

我经常受邀参加一些公司的年会、庆功会，有些公司会着重展示本公司研发了哪些很牛的产品，赚了多少钱，有哪些国家领导人到公司视察过等，以显示公司经营的成功。这些成绩当然非常值得肯定和尊重，但任正非对公司经营的成功有不同的理解。

在任正非看来，华为的成功不是赚了多少钱，不是制造了多少个亿万富翁，不是研发出了多少牛产品，突破了多少项尖端技术，而是协助客户成功。

对于任正非的这一观点，我从以下三个方面来理解：

第一，帮助客户在商业上成功才是真成功。

就华为的传统客户电信运营商来说，所谓协助客户成功，就是通过华为的技术、产品和服务，让运营商给客户（终端消费者等）提供更好的通信产品和服务，让全世界170多个国家和地区的终端消费者享受到传送速度更快、更稳定、性价比更高的通信服务。

近年来，全球数字化浪潮涌动，运营商的需求也随之发生了变化，越来越关注解决方案能带来多少价值、能否真正解决问题。

近年来，视频等新业务兴起，催生了万亿美元的市场空间。比如，中国的一个热门直播可以轻松吸引到几千万甚至上亿用户，这给运营商带来了巨大的流量需求，但也给他们带来了巨大的技术挑战。因为视频对带宽的要求很高，视频播放要非常流畅，清晰度也要较高，对电信与IT网络的软硬件要求急剧提升，这背后是如何确保海量连接的稳定性和可靠性的问题。这已经涉及各种网络技术的前沿，对于运营商来说是一个不小的难题，这些难题对整个电信行业来说也是很难解决的。

华为的运营商业务模块将自身定位为运营商商业问题解决者——与行业伙伴一起解决运营商面临的各种技术难题，为终端消费者提供最佳服务和产品，最终帮助运营商实现商业成功。

这几年，很多政府都在建设网上办公系统，其中一个内容就是政务云，华为参与了很多地方的政务云建设。以江西省政务云运营维护为例，华为通过部署统一运维平台、采用统一运维方案，让这一业务的运维人员减少55%，运维效率提升50%，部署时间从5天减少到了半天，保障政务云能够提供优质云资源服务，投资快速回收。你看，成本降低了一半多，周期缩短到了之前的1/10，效率提升了一倍，这就是客户的成功啊。这样的服务，哪个客户不欢迎呢？

我再讲一个例子。

小衢山岛隶属于浙江省岱山县，拥有迄今全国最大的砂石料矿。工人们平时居住在岛上，手机成为他们与家人联络的主要方式，但这里手机信号非常不稳定，更别提用手机上网了。这让很多人，尤其是年轻人敬而远之。小岛上的居民少，铺设海底电缆的成本很难与回报成正比，再加上海上的大风、大雨，传统微波信号衰减迅速。

像小衢山这样的海岛、偏远山区以及人口密集的城中村，因为基础设施差、无市电、无传输资源，传统的铁塔宏站站点基础建设成本较高，存在大量弱覆盖或无覆盖区域，严重影响了当地百姓的生活乃至区域经济发展。

目前全国有3万多个行政村、海岛、景点没有信号或者没有移动宽带。乡村网络建设为什么难？难在哪里？一是站址获取难度高，二是施工难度高，三是建站成本高，这"三高"使网络下不了乡。

传统建站方式，铺设光纤不仅施工困难、成本高昂，而且难以获得稳定的供电，制约着基站铺设和运营。华为的方案是，将微波或卫星转为无线自回传，把铁塔转为更加方便的简易杆，从油机发电转为清洁绿色的太阳能，成功解决了这些地区的难题。

采用该方案后，建站基础设施建设的成本和运维费用大幅降低。运营商能够以较快的速度完成偏远地区建站，由于不用铺设光纤，对环境也更加友好，施工更为容易。更关键的是，由于该方案成本较低，极大地提高了运营商投资意愿，带来经济和民生的双赢。

第二，不追求利润最大化。很多企业喜欢将公司的利润最大化，以为这样可以为公司带来更多收益。华为则有不同的理解和做法。

2010年，华为的销售收入非常好，利润很高，给员工发的奖金也特别多。华为内部上下都很开心，毕竟，多发钱谁不高兴啊。但是，任正非非常忧虑。一些高管不太理解，就问任正非为什么公司今年的利润很高却不开心。任正非说，我们今年利润多，说明我们从客户那里收的钱太多了，客户就没有太多钱投入未来了，客户的风险加大，没有钱了，华为去哪里挣钱呢？你看，任正非是从一个更大的生态圈的角度思考问题，而非单单从华为赚钱的角度。华为不单单考虑自己赚钱，还考虑客户的利润和成长。毕竟，让客户过得好，华为才能活得好！

很多高寒山区，由于人迹罕至，通信设备没有铺设到位，导致通信信号很差，甚至成为通信盲区，给当地人民的生活、生产带来了很多不便。

前几年，华为专门将通信网络设备架设到了海拔6000多米的喜马拉雅山脉上，让攀登珠峰的登山爱好者们也能够用上信号覆盖范围广、费用低廉、通信质量好而稳定的通信服务。当那些珠峰攀登者摆脱了费用昂贵的卫星电话，用自己的手机就可以随意联络、拍摄美景、发布精彩瞬间时，他们的兴奋和喜悦是无法用语言表达的。

在这些地方建设网络，经济收益显然不会很高，但客户的体验很好，运营商的口碑也很好。这也是让客户成功的重要表现。

第三，让客户利益最大化。

2002年，华为遭遇发展史上最艰难的阶段——首次出现负增长，经历了"华为的冬天"。面对困境，任正非仍然异常清醒：华为要为客户利益最大化奋斗，质量好、服务好、价格最低，客户利益就最大化了。在华为看来，公司唯有一条道路能生存下来，就是客户的价值最大化。

很多企业把关注点放到了如何赚钱、如何赚更多的钱上，而不是放到如何协助客户将事情低成本高效率地做成上。这有点本末倒置了。

华为将重心放到协助客户成功上，看似与赚钱离得比较远，但唯有这样，最终才能获得自己的成功。

06 自己生产的降落伞自己先跳

在华为旗下专注于人工智能和大数据挖掘研究的诺亚方舟实验室，任正非谈及人工智能发展重点时表示："我们所有的人工智能要自己的'狗食'自己先吃，自己生产的降落伞自己先跳。基于巨大网络存量，现阶段人工智能要聚焦改善服务。服务是公司最大的存量业务，也是最难的业务，如果人工智能支持 GTS（通用流量整形算法）把服务做好，五年以后自己的问题解决了，人工智能又是世界一流。"

2016 年 10 月，任正非在"出征·磨砺·赢未来"研发将士出征大会上又用了"降落伞"的说法，他说，我们今天集结 2000 多名高级专家及高级干部走上战场，让他们真正去理解客户需求，背上他们自己制造的降落伞，空降到战火缤纷的战场。"春江水暖鸭先知，你不下水，怎么知道天气变化"。

任正非是行伍出身，他说的"自己生产的降落伞自己先跳"，是个来自美国部队的典故。这个故事是这样的：

"二战"期间，美国的某部空军被德军击败，巴顿将军临危受命，担任了该部空军的军长。

巴顿将军发现，空军士兵的死亡率极高，原来很多士兵在飞机出事后打算跳伞，但很多伞包根本打不开。

得知真相的巴顿将军暴跳如雷，他找到生产降落伞的厂商质问原因，厂商的回答是，他们在质检的时候合格率已经达到了99.99%，但无法保证每一个降落伞都没问题。

巴顿将军愤怒地从降落伞生产线上拿下几个成品丢给厂商负责人，说：穿上你们自己的合格产品，给我从飞机上跳下去！

制造降落伞的厂商吓得立马求饶，谁敢保证自己背着的这个降落伞是不是那个0.01%呢？

这件事情以后，巴顿将军再也没听属下报告过降落伞打不开的问题了。

任正非用"自己生产的降落伞自己先跳"这个典故，提醒华为人，务必对华为的产品和服务用心，保证高品质，保证不出任何差错。"自己的降落伞自己先跳"现在已经成为华为内部常说的一句话。

那么，华为是如何做到的呢？

那就是自己的产品和服务先服务于华为自己，先接受公司内部的实践检验。任何一项新的技术、产品、服务或者解决方案，华为都会反复检验和验证、持续优化，在效果达到最优之后，才会交给合作伙伴和客户。

我来给你讲个案例。

华为公司旗下有个自营的电子商务平台——华为商城（Vmall），不知道你是否在这个商城买过东西。这个商城所用的IT系统架构解决方案，大多数来自华为内部，华为商城率先使用了华为云。

之所以用华为云，以及华为自己的系统，就是要看看华为自己的东西是否好用、是否稳定，尤其是能否经得起高峰期的考验。

2016年，华为发布Mate 9保时捷版，华为商城单日用户量激增近5倍，高峰期数百万用户同时在线抢购，9个小时业务交易量上亿元，华为云平稳支撑了这些业务。

在传统电商企业，支撑如此大的动态流量，需要几十上百人的团队负责系统的运维，而华为商城的运维团队不到 10 人！因为华为云提供的解决方案可以极大地简化华为商城的运维工作，让管理变得更简单。

华为在自己的华为商城验证、优化了华为云等产品之后，才开始让其服务客户。

这个原则在华为手机芯片上体现得也非常充分。

早在 2004 年，华为就与 ARM 公司开展合作，启动基于 ARM 架构相关芯片的开发，涵盖智能终端、通信、存储、服务器等各个领域。

2009 年，华为推出智能手机处理器 K3，也就是麒麟芯片的前身，如今麒麟芯片已经把手机带入智慧时代。

2016 年，华为推出鲲鹏 916 服务器处理器，之后又重磅发布鲲鹏 920。

这一系列芯片首先被应用到了华为自己的手机上，刚开始芯片性能的确不佳，导致华为早期的手机出现了很多问题。但这也让华为的芯片迅速迭代，最终研发出了性能优异的高速芯片，大大提升了华为手机的性能。当这些芯片在华为系列手机上应用非常成熟以后，华为才开始给客户供货。

华为的这种做法，其实是将产品不成熟带来的潜在风险全部揽在了公司内部，由自己来承担所有的风险。显然，这需要智慧，更需要勇气。

第四章　管理逻辑

反对完美主义

HUAWEI

01 拒绝大公司病，管理不能越来越复杂

大公司病是所有企业做大之后的通病，随着华为公司业务越来越多、数据流量越来越大、销售规模越来越大、员工越来越多、管理层级越来越多，管理越来越复杂，任正非对此非常担忧。

2016年，任正非在华为"质量与流程IT管理部员工座谈会"上明确提出，"流程必须持续简化，IT应用及文档文件要有日落法"，即"每增加一段流程，要减少两段流程；每增加一个评审点，要减少两个评审点"。任正非认为，华为公司可以越来越大，但管理绝不允许越来越复杂，华为必须拒绝大公司病。

华为公司的管控目标正在逐步从中央集权式转向适度分权式，让前方组织有责、有权，后方组织赋能及监管。这种组织模式，必须建立在有效的管理平台基础上，各种流程、数据、信息、权力……都可以通过这个平台传递、赋予和监管。

大家猜猜看，华为一年有多少个会议？5万个？10万个？

估计很多人都猜不到。我来告诉你——华为一年有20万个会议，这都是正式会议，那些在咖啡厅开的小型会议还没有统计在内。所以，任正非非常激动地说，华为的办公会太多了，AT会也多，权力也过大。AT，

就是华为实体组织行政管理团队，主要负责组织内干部的任用推荐和员工评议、激励的相关工作。

任正非提出，华为要建立基于信任的管理，减少不必要的汇报、不必要的PPT（演示文稿软件）、不必要的组织层级。

在具体做法上，任正非提出了三点：第一，流程变革要持续优化、削减不必要的流程；第二，消除数据之间的断点；第三，对IT系统要进行评估、追责。

我们先看第一点：流程变革要持续优化、削减不必要的流程。

华为要求，流程必须持续简化，IT应用及文档文件要有日落法，每新增加一个流程节点，必须关闭另两个流程节点。

所谓"日落法"，即sunset law，又称"夕阳法"。美国国会在批准成立一个新的行政机构或批准一个联邦计划项目时，会明确规定该机构或该项目的终止日期。在政府行政管理中，建立一个机构和批准一个项目是比较容易的，但要撤销它很困难，因为这将使许多人失去工作，会损害许多方面的利益。"日落法"的目的就是对抗机构自我膨胀的趋势。

在任正非看来，不产粮食的流程是多余流程，多余流程创造出来的复杂性，就是浪费资源，就是让管理的难度加大，而不是更加简便。因此，华为的变革和IT也要聚焦，要减少变革项目数量，IT不能遍地开花。

第二，集中精力消除流程断点，打通信息流。

华为在某些领域管理架构流程乱、数据断点多。所谓数据断点，就是很多数据之间没有打通，导致很多重复性工作。

我前段时间去办理车辆年审，负责年审的人让我提供交强险保单。我的保险是大半年前买的，没有随身携带，况且谁没事带着一份保单到处走啊。然后年审的人就说，没有保单无法年审。我说，我车的所有信息都在车管所的系统里，可以查到，你们年审的系统与车管所的系统本来就是连通的，不然没有办法年审。既然是连通的，我的车辆的保单你们在系统里可以查到，没有必要让我再提交啊。

我的观点是一种非常理想化的状态，遗憾的是，这个年审点的系统与车管所、保险公司的保单系统没有连通、无法共享，查找不到我那台车的保单信息。没办法，我只能返回保险公司，重新打印了保单再来年审。

你看，这就是典型的数据存在断点导致重复劳动的例子。这种例子在生活和工作中有很多。

比如，你去办理护照，要求你提供户口本等一系列资料；你去维修手机，要求你提供手机的购买发票，看是否还在保修期内；等等。这些大都属于数据流之间存在断点导致的问题。

华为公司内部的这种断点现象也很多。比如，有一段时间华为的合同信息流与财务没有打通，客户的付款与合同无法一一对应，甚至有的客户是否付款了都不知道。

第三，要对IT流程建设，建立问责机制并问责。

任正非要求IT应用投入使用后，没有使用量的要追责。华为有20万名员工，很多事情需要IT手段去解决，比如出差申请，传统做法是填写纸质出差申请单，找领导审批，回来后还要填写出差评估表，找财务报销，等等，手续非常烦琐。华为的出差报销IT系统可以让出差的人在手机上完成这些流程，大大节约了时间。IT技术如果运用得好，当然对效率提升非常有帮助，但如果凡事都做一个IT系统，甚至一些用户量很小、比较简单的事情也要通过IT系统解决，就是小题大做了，反而会让流程更加复杂。

因此，华为对五年内的无效流程进行了清理，看谁提议开发这个流程的，如果他提议开发，一直在使用这个流程，可以赦一半罪；如果他自己也不使用，就会狠狠处分那个人，因为这说明开发的整个流程完全是无效的、浪费的，这是对公司资源的浪费，更导致了管理的复杂和低效。

当然，不能简单直接减掉一个流程，否则可能会产生断裂带，引发矛盾冲突。简化流程也并非取消所有的流程、并非不要流程。华为仍然需要构建流程化组织，否则就无法实现大兵团作战。流程的烦琐不是科学，但必须先立后破。

02 管理改进，反对完美主义

我们都知道，目前华为的管理水平在国内企业界是非常领先的，在很多人看来，华为的管理甚至是非常完美的。

华为的管理水平比较高，这是事实，但华为的管理距离完美还有很大的差距。任正非是反对完美主义的，他一直强调，管理的改进要循序渐进，反对完美主义。

完美主义在这里的意思就是不顾事物发展具有阶段性的客观事实，过于注重细枝末节而忽视了主要部分。因为完美从来就是一个理论观点，是一个可望而很难及的状态。一步到位难度非常大，甚至是不可能的，分步完善才是正确的选择。我们承认不完美的状态是常态，就是承认管理要分步骤完善，就是要接受过程中的不完美。华为专门对什么是企业的核心竞争力、什么是企业的创新和创业进行过研讨。结论是，创业是一个永恒的过程，创新也是一个永恒的过程，核心竞争力也是一个不断提升的过程。这就意味着，创新是一个持续的过程，不可能一步到位。

华为并不排斥变革，而且认为变革是发展的必然，但对于跨度非常大的跃进式变革，华为非常慎重，尤其是在发展初期。

那么，到底该如何做呢？

任正非曾经说，华为要坚持"小改进，大奖励"的方式。这是华为长期坚持不懈的改良方针。

1997年，任正非在华为第二期品管圈活动汇报暨颁奖大会上说，华为的管理，要坚持"小改进，大奖励"。为什么？它会提高你的本领、提高你的能力、提高你的管理技巧，你一辈子都会受益。

当时，台下坐着听讲的人，大多是入职不足10年的年轻人。任正非对他们说，你们在座的都很年轻，但是年轻的最大问题就是没有经验。公司发展很快，你既没有理论基础，又没有实践经验，华为公司怎么能搞得好？如果我们再鼓励大家来提大建议、提战略决策，那我看，华为公司肯定就是墙头上的芦苇，风一吹就倒，没有希望。那么，怎么办呢？就是要坚持"小改进，大奖励"。

在任正非看来，"小改进，大奖励"，重要的是"小改进"。

改良的方法是渐进式的、逐步的，但改革的方向是明确的。

在管理的改进上，华为的总体目标就是提升公司的核心竞争力。华为一直强调，提升公司核心竞争力是永恒的发展方向。在这个总体目标之下，每次改革还有非常具体的阶段性目标。

如果没有总体目标和阶段性目标的牵引，"小改进"很容易偏离方向，或者陷入只顾自己改、对周边没有积极作用的怪圈，公司的整体核心竞争力并不会提升。

比如，在不断提升华为核心竞争力这个总体目标之下，从1997年开始，华为在内部推行任职资格考评体系。这一改革的小目标就是让所有岗位的任职资格标准化、清晰化、模板化，避免靠主观意见、个人好恶评价某个人是否符合岗位的要求。

你看，这一改革本身就是华为渐进式改革的一个步骤。在推行任职资格考评体系的过程中，华为要求员工自身也要渐进式地提升和改善。

任正非对参与任职资格考评体系的员工们说，你们的每一次"小改进"，都是向任职资格逼近的一大步，这是对一生的大奖励，能让很多人受用一辈子，将给大家永恒的前进动力。在任正非看来，坚持"小改进"，就能使身边的工作不断地优化、规范化、合理化。应在小改进的基础上，不断归纳，进行综合分析，研究其是否符合公司总体目标流程，与周边流程是否和谐，要简化、僵化、再固化。

任正非在文章《活下去是企业的硬道理》中说：在管理上，我不是一个激进主义者，而是一个改良主义者，主张不断地管理进步。

在这个思路之下，任正非再次强调，华为管理改进是分步进行的，不能追求完美主义。

华为引入IBM等多家公司的管理理念和模式，目的是全面提升华为的管理水平。但这个提升也是逐步进行的。在这一过程中，华为提出先僵化、再优化、后固化的思路，就是小步快跑、逐步进步。

其实，任正非的观点与互联网领域的产品和服务的快速迭代有异曲同工之妙。

快速迭代就是先做出来一个产品，小批量迅速投放市场，然后根据市场的反馈进行改进，再出来新一代产品，再投放市场，再反馈……按照这样的操作方式，让产品逐步完善，最终达到客户的要求。

华为公司就是这样在不完美中逐步成长起来的。

03 / 将"法"作为治理公司的最高章程

了解华为的人都知道,《华为基本法》的出台,是华为发展历史上的重要事件。1995年,也就是华为成立的第七年,华为发生了一次战略转折。当时,华为研发出了在华为发展历史上具有战略意义的C&C08交换机,并且取得了重大市场突破,公司表现出大发展的势头。但企业发展过快,管理问题也随之而来——流程僵化、薪酬评定缺少参考标准、有部分干部无法适应企业发展要求、任正非与管理团队出现意见分歧,等等。任正非意识到,要解决这一系列的问题,需要一个纲领性的文件。

1996年3月,华为正式成立了基本法起草小组,1998年3月审议通过,定稿发布。

《华为基本法》有三个作用:第一,把任正非的思想、创新精神转化成了纲领性文件,成为公司的政策,明确地传递给管理层,通过管理层的职业化运作传达到整个公司。第二,为公司如何处理基本矛盾、内外重大关系的准则和优先次序,建立了参考标准。第三,指导公司的管理变革,使华为的管理水平越来越趋同于西方管理完善的跨国企业。

任正非说,《华为基本法》是华为企业文化的精髓,是公司上下形成最佳合力的基础。

有了《华为基本法》，怎么样落实到企业经营呢？任正非本人对《基本法》有几个观点非常值得我们学习。

第一点，《华为基本法》不是为了包装自己而产生的华而不实的东西，而是为了规范和发展内部动力机制，使华为人沿着共同目标持续发展的一种认同的记录。

任正非说，《华为基本法》总结、提升了华为公司成功的管理经验，确定了华为二次创业的战略、方针和基本政策，构筑了公司未来发展的宏伟架构。《华为基本法》将牵引华为从企业家管理走向职业阶层管理。任正非相信，华为顺利度过转型的三年后，将建成一个内耗小且充满活力的公司。

《华为基本法》出台后，任正非不允许各部门向外宣传，只在外部有兴趣主动来了解的时候才会交流。

第二点，华为判断一个员工是否已把《华为基本法》学到位，不是看他是不是会背，而是看他能否做好本职工作。

这让我想起大学里学习思想政治，有时要写心得体会，那些写得好、认识深刻、赞美词汇用得多的同学基本上可以得到"学习标兵"的称号。《基本法》出台之后，华为也经常组织大家学习交流，写学习心得，但是在任正非看来，考核你是否学好，不是考核你是否能熟读，也不是看你在学习心得上有多少赞美词，赞美的词他会让秘书都删去，领导们也看不到。

华为是一个商业组织，一切围着发展目标转。员工首先要学好自己的专业，这是其在企业工作的重要工具。学习企业文化，只是要让这个重要工具发挥更大的作用。

第三，任正非并不强制要求每个员工学习《华为基本法》，员工也有不学习的权利。

任正非这么说并不是对员工没有学习的要求，恰恰相反，他希望员工能主动去学习交流。他反对的是形式主义的学习。

任正非也强调，公司和员工之间是权权交换，对于在战略思想上与华为不能保持一致的员工，华为也有不任用的权力，特别是在选拔干部的时候。中高级干部退步的,也会被调整下去。

任正非把公司和员工放在平等的位置,学习《华为基本法》是员工的主动选择,给了勤奋的人更多的机会。

第四点,《华为基本法》不是万应良药,要用发展的眼光看待它。

任正非曾经说,《华为基本法》出台以后,基本上就作废了。这句话的意思是说,《华为基本法》的制定过程就是一个学习、提升、统一大家思想的过程,《华为基本法》确定了,这种学习就基本上告一段落了。随着华为公司的发展、外部环境的变化,《华为基本法》的一些内容也需要与时俱进地做一些调整。

除此之外,任正非认为华为的干部要理解基本法的内涵,并让它潜移默化地引导自己的工作,不能机械照搬条文、形左实右等。

近年来,很多公司学习华为,也制定了自己的"基本法",但它们的"基本法"大多流于形式,无法真正形成核心文化。想要学习华为做到依"法"管理,了解《华为基本法》的内涵和背景,比流于形式的模仿更重要。

04 自律是最低成本的管理

任正非是一个非常有危机意识的人，他认为华为最大的风险一定来自华为内部。

历史上，很多世界级大公司倒闭，都是由于内部运作的成本太高，导致公司缺乏活力和竞争力。很多人把企业想象成一个人，认为只要大脑发出指令，手就能动起来。其实不是，企业是一个组织，是由一层一层的人构建起来的。一个哪怕只有数百人的公司，要真正贯彻高层的指示，也需要一定的组织力。像华为这样体量庞大的公司就更不用说了。

企业管理最重要的目标之一，就是降低内部运作的成本，其关键在于简化流程。如果流程过于复杂，沉重的内部体系运转不动，就会增加运作成本。

那么，该怎么样简化流程呢？

一般企业会依靠制度来明确流程。但是，制度管理的成本也很高。制度是刚性的、外在的，而且是人为定制的，需要检查落实，要是有人违反了制度，还要受到相应的处罚，这些都是要耗费人力物力的。这是看得见的管理成本，还有许多看不见的，比如，一项制度到底是不是符合实际、怎么样去评价它的效果，等等。

刚性的制度始终有边界，是一种他律；而自律则是自我要求，即给自己一个标准并且严格执行，这样就减少了外在检查、落实的环节。自律是一种内在的、软性的约束，看似力量弱小，其实威力无穷。只有调动了内在动力，工作才会有动力。

任正非认为，自律才是最低成本的管理。

但是，我们都知道人始终是有惰性的。怎么样才能提高自律呢？我跟大家分享任正非的两个观点。

第一，依靠他律完善自律，就是要有他人的监督，运用一点外在的约束。任正非认为，华为人必须敢于接受群众监督。

华为有个道德遵从委员会，是华为集团职能平台内的一个部门。这个组织的形成很特殊。它是通过公司内部民主选举产生的组织，也就是自下而上产生的组织，它的目标就是"多产粮食，增加土地肥力"，主要职能就是引导和规范华为员工从语言、习俗、宗教，乃至生活习惯等方面主动适应和融入所在国家或地区。

道德遵从委员会不是一个政治组织，无论在国内、国外，都不会去过问政治。华为禁止员工从互联网听来一星半点内容，一知半解就去指点江山、激扬文字，因为那样可能会误导社会。华为要求内外合规，不允许任何人在国内、国外参与非法活动。

在这一点上，华为公司对员工的要求非常严格。比如，在中美贸易摩擦期间，尽管华为被美国多次封杀，甚至任正非的长女也被加拿大警方拘捕，但华为人对外没有任何评论，只有华为公司官方对外发声。

自律是管理的最高境界，只有员工上下自律意识强了，公司才会更快发展。任正非显然希望华为人的自律管理越来越强，这也是华为成立道德遵从委员会的初衷。

自律与他律相结合，形成的组织氛围必然是正向的、积极的，也会在流程不完备时形成"自愈"机制。华为由此会形成"促进自律，完善他律"的内部环境。

自律可以大大降低管理成本，比如按时上班的问题，如果依靠制度来管理，则需要制定有关上班的规定，还要有人检查、统计是否有人没有按时上班，还需要对没有按时上班的员工进行对应的处罚。你看，简单的一个按时上班就要一个这么复杂的流程，需要配置一定的人力。如果员工自律意识都很强，能够积极主动地工作，不用靠外部约束，就会大大简化流程并降低成本。

第二，任正非认为，中高层干部要严格自律。

前面我说过，任正非很重视榜样的力量，他认为每一个中高层干部都应该是普通员工的榜样。他要求华为各级干部把践行"干部八条"作为终生的座右铭。道德遵从委员会的每个成员都要带头遵守"干部八条"，以点带面，让大大小小的"火车头"带领拥有20多万员工的"火车"跑起来，让公司充满活力和竞争力，使华为的流程管理更加简洁、及时、准确。

对于任正非对自律问题的看法，再简单总结一下：

华为在制度建设的过程中，不迷信制度，提倡发挥个体的主观能动性，提高自律意识，而提高自律意识单靠自律是不够的，也需要加强"他律"的建设，倡导群众监督。

这是尊重客观事实、遵从人性的做法。

很多公司过于迷信制度，以为制度完善了，公司就能经营得很好，员工就可以不犯错误。华为告诉我们，再完备的制度也有不足之处，自律是最好的弥补，但自律无法单独存在，必须与"他律"结合。

05
组织变革：华为轮值制度的演变

某境外媒体记者曾问任正非计划什么时候退休，年近80岁的任正非回答说，我现在头脑很清晰，精神状态很好，还没有考虑到什么时候退休。

其实，这段对话反映了外部很关心的一个问题：华为的接班人问题。

从2003年开始，任正非就已经且战且退，希望让位给市场驱动的流程型组织与职业化团队。

无论任正非推迟到什么时候退休，接班人的问题都是华为迟早要面对的。

首先，我们对"接班人"的概念做个讨论。

在华为人，尤其是任正非的观念里，"接班人"首先是一个整体概念——不是某个具体的人，而是一个群体，一个机制。所谓群体，就是说华为的管理团队甚至所有华为人都是"接班人"。这个概念类似于我们小时候经常唱的"我们是共产主义接班人"。这是一个广义的"接班人"的概念，也只有每个华为人都在自己的岗位上做到最好、最负责，每个人都不断地成长，适应和推动华为的持续发展，"接班"的任务才能完成。显然，这是一个非常科学合理的解释。所谓机制，就是说华为实施的轮值CEO制度，以及华为的整个管理体制。华为的管理体系科学、合理，能够推动华为不断前行，摆脱对人的依赖，规避很多潜在的风险，这种体系是"接班"顺利的一个重要保障。

显然，上述关于"接班人"的概念，与一般意义上的"接班人"并不一样，按照一般认识，"接班人"应该是一个具体的人。这是一种狭隘的定义。

按照狭隘的定义，我们判断，轮值制度很可能是华为下一任领袖的自然诞生地。

说到轮值制度，我们就要回顾一下这个制度的发展过程。

在轮值制度之前，华为经历了8年的EMT（经营决策委员会）决策机制。

八年轮值EMT打下基础

按照华为的内部流程，持股员工选举产生持股员工代表，持股员工代表选举产生董事会。董事会代表股东（持股员工）管理公司，公司的经营管理团队在董事会确定方向后负责具体执行。

1998年左右，外界对华为存在很多误解，导致华为的外部环境尤其是政府关系不太顺。任正非提议，由孙亚芳出任华为公司董事长，负责协调外部关系，他自己则出任总裁，专门负责内部管理。两人在华为的职责分工和职务关系，就此确定下来。

2004年，全球著名的人力资源管理机构美世咨询公司协助华为设计了高层决策机制、流程，随后，华为取消了沿用10多年的常务副总裁职位和总裁办公会议，成立了EMT（经营决策委员会），公司的重大战略决策均交由EMT协商决定，当时的EMT有7位成员。

咨询公司当时的设想是由任正非出任EMT主席。但是，任正非不愿意担任此职。最终，公司采取了折中方案——EMT成员轮值担任，这就是EMT轮值主席制的由来。华为EMT的轮值主席其实就是轮值COO（首席运营官）。

这是华为独创的组织结构。但此时的EMT与董事会的作用和区别不是特别明显,成员大部分是重合的。

2011年1月,华为选举产生了第四届董事会、监事会,董事会下设人力资源委员会、财经委员会和审计委员会。董事会对公司战略和重大事项进行决策。新一届董事会取代了EMT,成为公司最高决策机构,EMT回归本位,仅决策具体业务,不再制定公司的整体战略。

实际上,EMT制度实施了8年多,讨论的大都不是华为的日常经营,而是华为的战略方向、治理架构、流程等,刚开始几年还有相当比重的人力资源议题。这是在功能和定位上的突破。

其实,美世咨询最初要求只有EMT成员才能参与这些讨论。但EMT实行两年后,华为就打破了这个规则,开始请相关主管也列席会议。任正非此举的目的很明显,那就是让更多人参与这些重大问题的讨论,重点不在于结论,而是在讨论过程中,大家可以充分参与,相互学习,达成共识。这实际上就是在培养接班人群体。

华为EMT八年的轮值实践,就像雁群在远途飞行中轮流领队一样,逐步地清晰了方向,也为随后轮值CEO制度的实施打下了良好的实践基础。

从人才梯队培养的角度看,在EMT实施的八年里,华为培养了大批主管级以上的管理者,他们的战略理解、战略落地与推行能力得到了提升和锻炼。CEO轮值更多的是着眼公司的战略,着眼制度建设,将日常经营决策的权力进一步下放给各区域,以推动扩张的有序进行。

因此,EMT向轮值CEO制度转变时,已经有了群众基础,之前列席过EMT会议的相关主管能够很好地承接轮值CEO的相关决策。

轮值CEO制度的推出,目的是培养"接班人"群体,而不是某一个人,让集体智慧推动华为的发展,而非某个"能人"。

后来,华为轮值CEO制度成了轮值董事长制度。

轮值制度的好处

2010年,华为顺应以市场和客户为中心的业务变化,成立了运营商网络业务、企业业务、终端业务和其他业务四大业务运营中心。与前20年相比，华为的业务层面发生了巨大变化，企业业务、终端业务以及包括软件在内在其他业务是新的挑战。华为在从通信设备制造商向综合性IT企业集团转型。

在这种情况下，如何应对越来越不明朗的形势才是华为最为迫切和需要解决的问题。轮值CEO不再只关注内部的建设与运作，也放眼外部、放眼世界，适应外部环境的运作，趋利避害。

2011年，EMT轮值主席制度变成了轮值CEO制度。轮值CEO由三名副董事长（当时是郭平、徐直军、胡厚崑）轮流担任，轮值期是每人半年。轮值CEO在轮值期间作为公司经营管理以及危机管理的最高责任人，对公司生存发展负责。轮值CEO负责召集和主持公司EMT会议，在日常管理决策过程中，对履行职责的情况及时向董事会成员、监事会成员通报。

任正非在当年年底撰写的《一江春水向东流》一文中，阐述了华为实施轮值CEO制度的初衷：破除华为靠"个人英雄主义"的弊端，转向依靠"集体奋斗与集体智慧"。显然，任正非代表的就是华为的个人英雄主义时代，在华为的创建和发展历史上，任正非的影响力和作用无人可以替代，但这是非常危险的，更是不可持续的。因此，任正非必须革自己的命，培养一个"接班人"群体，让集体智慧推动华为的发展，而非某一个"能人"。

轮值制度有以下几大功能：

第一，消除矛盾的功能。任正非之外，华为暂时再无影响力可与之匹敌的人。在这种情况下，指定任何人"接班"似乎都难以服众。所以，不如让每个高管都有一个表现的机会，是骡子是马拉出去遛遛。你不是觉得自己很有本事吗？那就给你个机会，让你好好表现一下，也让你体验一下当家的难处。这样一来，大家从原来谁都不服谁，逐步变得相互理解、相互支持，矛盾就消除了。

第二，锻炼综合能力的功能。每个轮值者在一段时间里担任公司COO，不仅要处理日常事务，而且要为高层会议准备、起草文件，这就大大地锻炼了其综合能力。

第三，均衡发展的功能。每个轮值CEO、董事长都是华为某个业务模块的负责人，在其位谋其政，这就不可避免地想为自己负责的业务模块多争取一些支持，但是，身在CEO的位置，又不能太偏向自己所在的业务板块，这就将他所管辖的部门带入了全局利益的平衡，公司的山头无意中被削平了。

第四，纠偏功能。每个轮值CEO在轮值期间都会奋力拉车，牵引公司前进，他走偏了，下一个轮值CEO会及时去纠正航向，使大船早一些拨正船头。

第五，从选马到赛马的功能。轮值CEO的最大作用就是让轮值CEO团队成员各显其能，在各自所擅长的领域充分施展才干，逐步成长为华为的领袖。因为，如果说华为未来还需要一位具体的领袖的话，他应该不是被任命的，而是在伴随公司发展自然成长起来的。轮值CEO制度很可能就是下一个华为领袖的自然诞生地。

轮值制是华为面对不确定形势时所采用的一种公司运作管理方式，因为这样大的一个组织面对如此复杂和不确定的形势，试错的代价和风险确实太大了。

早在1998年，任正非就对接班人进行过描述：认同华为的核心价值观并具备自我批判精神。现在看来，任正非的接班人还要兼有对中国环境的深刻理解和国际高级职业经理的基本素质。

任正非很清楚，目前准CEO们最不缺的是执行力，最缺的是领导力，因此才会产生所谓轮流制，以实战代替模拟的方式锤炼并测试其领导力。

其实，一个企业面临重大决策时，很多时候不是CEO一个人说了算，还有董事会、监事会、股东大会等机构参与。从华为CEO轮值的周期可以看出，CEO在战略制定与战略决策上不会有很大的作为，轮值CEO的功能是确保公司的方向不跑偏，大船航行中的舵手可以是轮值CEO一个人，但是大船要去哪里，不单单由轮值CEO决定。从另一方面讲，CEO轮值制肯定不像外界想象的那么简单，8年EMT制度的运作为CEO轮值制的实施积累了丰富的经验，CEO轮值制的设计肯定比我们所看到的更加完善。

华为的这一方案，没有参照模式。中国企业的内外部环境，决定了无法因循国际成功企业的模式，而中国其他企业与华为相去甚远，也没有参照的可能。

华为的轮值制度是基于中国环境的创新，如果说有部分借鉴的话，则是IBM的EMT机制和GE（通用电气）的接班人机制，但二者均没有轮流的模式。

当然，在轮值制度下，试错空间依然存在，任正非依然是最后一堵墙，可以防范轮值产生的巨大风险。

任正非有华为董事会授予的一票否决权，这可以一定程度让华为远离某些重大风险，但迄今他还没有使用过这一"特权"。

华为的这种轮值制度，后来也为京东等公司所采用。可见，这种制度具有一定的普适性。轮值CEO制度对于培养未来接班人，尤其是接班人团队有很大的帮助。对于有一定规模的企业，尤其是民营企业来说，这可能是一个减轻老板压力、锻炼管理团队、平衡团队成员之间利益关系的好模式。当然，并非所有老板都喜欢这样做，比如那些非常喜欢独揽大权的老板。

06 / 华为研发系统炮轰餐厅，为什么被任正非狠批

大约是在 2019 年，华为研发系统员工反映华为餐厅的服务不好、饭菜质次价高。之前很多次，员工反映餐厅服务、餐厅饭菜品质有问题，任正非基本支持员工。此次华为研发系统以长文炮轰华为餐厅饭菜贵且不好吃，华为高管团队以及任正非反常地对研发系统提出了批评。

这种反常背后是什么原因呢？

其一，当时的背景之一是，以美国为首的西方国家正在封杀华为，华为的外部发展环境发生了微妙变化，对华为有一定程度的影响，华为的销售规模面临大幅下降的风险，可能要开始过"紧日子"了。

事实也正是如此。2019 年华为实现全球销售收入 8588 亿元，同比增长 19.1%；净利润 627 亿元，同比增长 5.6%；经营活动现金流 914 亿元。2020 年华为年度销售收入达到了历史新高 8914 亿元，净利润 646 亿元，但经营活动现金流仅仅 352 亿元。

由于华为相当一部分业务的款项回收周期比较长，2019 年和 2020 年的财务指标基本上反映的是几年前的业务情况，华为遭遇打压所受到的影响还没有体现。但是，华为的经营现金流已经有所体现，从 2019 年的 914 亿元降低到了 2020 年的 352 亿元。

2020年之后，华为的销售规模明显下降。2021年年度财务报告显示，华为实现全球销售收入6368亿元人民币，减少28.6%，净利润1137亿元人民币，同比增长75.9%。2022年华为年度销售收入达到6423亿元；净利润下滑68.7%，降至356亿元人民币。

在这一背景下，华为将荣耀手机业务整体打包出售，募集了一笔资金，为度过冬天筹集现金流。但这些都属于后话了。

此时，华为还没有遇到2020年之后的这些困难，但对于未来的困难，任正非显然已经有预感、有准备了。

任正非一直有很强的危机意识。他经常在危机还没有正式到来的时候，就开始警告华为人"华为的冬天"要来了、"华为距离破产只有21天""华为的红旗还能打多久"……

历史上，华为已经很多次遭遇重大危机。比如2001年左右世界IT泡沫破裂，尽管此时华为的销售额依旧在高速增长，但任正非嗅到了危机，写出了那篇著名的《华为的冬天》；2003年左右，华为与思科发生知识产权纠纷，华为在美国等全球市场遭遇重大风险，任正非也提前警醒了华为人，并采取积极措施化解了此次危机。

危机意识一直深植于任正非的内心，并要传达给所有华为人。对于忧患意识很强的华为来说，在面临打压的背景下，肯定希望大家开始过紧日子，全体华为人更要艰苦奋斗，聚焦工作，不能过多讲究吃喝。从这个角度看，此时华为研发部门用这种非常官方、非常隆重的形式反映餐厅的饭菜不好吃等问题，显然有点不合时宜。

其二，研发是华为最核心的竞争力所在，也是华为最大的成本所在。作为一家以客户为中心的技术导向型公司，为客户提供性价比高、增值乃至超值的产品和服务，是华为的核心竞争力。因此，华为一直非常重视研发投入，研发人员在华为整体员工中所占比例最大，华为在研发领域投入的资金惊人。

比如，华为2021年度实现全球销售收入6368亿元人民币，比2020年减少了28.6%，但华为首席财务官孟晚舟在业绩发布会上公开表示，华为还会持续加大研发投入，2021年研发投入达到1427亿元人民币，占全年收入的 22.4%；华为近十年累计投入的研发费用超过 8450 亿元人民币。

在华为只有 19 万名员工的时候，研发人员有 11 万多。显然，研发团队是华为主要的人力资源构成。从一定程度上说，是华为庞大的销售体系、生产体系、后勤服务体系服务和支撑了华为庞大的研发团队。而华为在待遇上一直是向研发人员倾斜的，这也意味着研发人员消耗的资源当然也是最多的，研发人员自己节约一些，给华为公司整体支出的压力就会小一些。

在任正非和华为高管看来，华为的研发团队首先要有过紧日子的意识，因为这不单单关乎华为的巨额成本支出，还在很大程度上代表着华为人的精神风貌、战斗力。

其三，华为研发系统存在很多问题，需要不断反思，优化团队。2019 年 10 月份，任正非就在华为内部提出，研发基层管理者管理能力退化，如果不改革，华为就是下一个惠普。任正非还强调，华为培养了很多技术领袖，但真正的商业领袖不多。在战略上还没有真正领先，虽然技术上领先两年，因为不能及时用上，还需要转换成规模化商业成果。

华为的研发系统要不断提升研发有效性、竞争力，尤其在当前的特殊时期，研发更要批评和自我批评，严格要求自己，向内部找原因。但这个时候，研发系统花费大量时间和精力炮轰餐厅问题，追求吃喝，显然不合时宜，更重要的是，与华为长期坚持艰苦奋斗的核心价值观不相符合。

其四，长期坚持艰苦奋斗是华为的核心价值观之一，任何时候都不可以放弃，不可以松懈。

防止懈怠是任正非最为关心的问题。华为的后勤服务一直比较好，但肯定不是没有问题了，随着华为人生活品质的提高，对餐厅的要求也不断提高。况且，众口难调，再好的餐厅也有人吐槽。餐厅存在问题，需要不断优化，但相比较研发等关键部门，研发系统的问题解决更迫切，更重要。

华为高管此次严肃批评研发系统对餐厅系统的意见，本质上就是担心研发系统居功自傲、丧失艰苦奋斗的精神。此后，华为针对研发系统不断开展优化，让研发团队更换新鲜血液，激活研发系统的沉淀层。

其实，任正非和华为官方对提意见的华为人一直是非常包容的。但这次，任正非和华为官方极反常地对提意见者提出了批评。这可以被解释为非常时期的非常做法。

07 华为并不完美

有一段时间,华为"离职门"事件闹得沸沸扬扬。这个事件说的是一名叫李洪元的华为员工,因为离职补偿问题与华为有关部门闹得不可开交,后来拿到了额外的30万元离职补偿,但随后,李洪元被当地警方以敲诈勒索的名义拘捕,在整整被关押审查了251天之后,李洪元才被以证据不足为由放了出来。

在媒体和网友针对这一事件的评论中,有两种观点很有代表性:

第一种观点:一边倒地说,没有想到华为这家公司也是一个黑心企业,用下三烂的手段将员工弄进局子白白关了251天。呼吁抵制华为以及华为的产品。

第二种观点:李洪元的确是有问题的,他提交的证明其清白的录音,其实是有选择性地录制的。这种观点大骂李洪元,认为华为很冤枉。

当然了,还有其他观点,大家有兴趣可以去网络上搜一下。

关于这一事件,我来谈谈自己的看法。

第一,华为依旧是最优秀的中国公司,值得学习。

华为很优秀,华为的管理很值得学习,但华为并非没有问题。

华为公司确实存在一些管理上的瑕疵甚至是问题,但这与学习华为并不矛盾。我们学习的是华为先进的理念、优秀的文化、领先的技术等，这些都是经过实践证明的，尽管大胆地借鉴、学习即可。

华为企业文化中有很多精粹值得学习，但不同的企业在学习中可以有不同侧重，比如有个企业就想学习华为"以客户为中心"的理念。这家企业之前提倡以员工为中心，将员工利益放在很重要的位置，由此打造了一种强烈的家庭文化氛围——倡导员工以公司为家，甚至终身在公司工作。这种氛围在创业初期对于提高企业凝聚力具有很重要的作用。但随着公司规模的扩大、员工人数的迅速增加，也逐步出现了一些问题，比如员工之间收入差别不大导致激励不足、分配机制日益趋向福利型导致内部竞争力不足等。这些最终会影响公司的竞争力。于是，这家公司计划对公司文化进行改造，学习华为"以客户为中心"的文化，提升公司内部的竞争意识和服务意识。

我们希望更多企业能从华为学到有利于自身成长的内容。

第二，公众期望看到一个完美的华为。

华为那份引发网络争议的声明，在法理上当然没有任何不妥，从一般的危机应对的角度来说，也没有任何问题。

但，放到华为身上，就显得有点LOW（低级）了。公众显然对华为的期望非常高，所谓"爱之深，责之切"，这是此次舆情汹涌的一大原因。

公众希望华为是完美的，至少在处理这种舆情事件上的水平和能力应该远远超出某些公司，遗憾的是，华为让公众失望了。

天下没有完美的公司，包括华为。

任正非很早就说过：公众如果仔细看华为，就会发现很多缺点。前几年，华为用一张非常难看的芭蕾脚作为形象广告，很多人不理解，觉得华为是在矫情、作秀，现在估计很多人理解了。在很多方面，华为并不完美。

第三，艰苦奋斗、批评和自我批评必须长期坚持。

这个事件进一步说明，任正非提出华为要长期坚持艰苦奋斗是多么正确。华为文化中很重要的一条就是长期坚持艰苦奋斗。所谓长期坚持艰苦奋斗，就是要长期保持对自我懈怠的警觉，永远不骄傲自满，永远不以自我为中心，永远坚持批评与自我批评。

此次事件，华为应该反思管理上存在的问题、组织上表现的不足，以及事件的出现是偶发现象还是系统性风险。

在对李洪元的离职补偿问题上，现有信息显示，华为人力资源部门的处理是有瑕疵的，先不论给李洪元额外补偿 30 万元是否合规合法，单单看用私人账户给李洪元支付 30 万元的补偿金，这个流程就不太合规。正常的补偿一定是由公司支付给离职者个人的，不可以通过私人账户支付。

第四，阴谋论可以休矣。

此次事件出来后，有部分分析认为，这是有人在"搞"华为。当事人李洪元最初只是在离职补偿上与公司存在争议，希望多要一些。他的目的很明确、很单纯，这种利益博弈也是法律允许的。不能一谈到华为存在的不足，或者与华为叫板，就扣上一个大帽子，说此人受某某机构的收买，来专门"黑"华为了。

当然，也有很多人举各种例子说就是有人要黑华为，所以拿此次事件炒作，否则这次事件怎么会迅速发酵，成为重大的网络事件呢？

我觉得，演变成一个影响重大的事件，与当下的舆论环境有很大关系。现在是自媒体时代，人人都是媒体，人人都可以发声，导致传播速度非常快，这是此次事件迅速发酵的首要原因。其次，华为毕竟是一家知名度非常高的公司，受关注度太高了，很容易被围观。如果不是华为，而是一家毫不知名的小公司，还能引发如此大的网络反响吗？估计不太可能。所以，引发网民的广泛议论，很大程度上是传播规律和传播方式决定的，人为推动的可能性有，但不是很大。

第五，再优秀的公司，也需要学习。

李洪元被无故关押 251 天的事在网络上发酵一周左右，华为才发布了一篇声明。那篇姗姗来迟的声明充满了官方口吻，被媒体指责为缺乏温度。

我们来看看华为的声明：

"华为有权利，也有义务，并基于事实对于涉嫌违法的行为向司法机关举报。我们尊重司法机关，包括公安、检察院和法院的决定。如果李洪元认为他的权益受到了损害，我们支持他运用法律武器维护自己的权益，包括起诉华为。这也体现了法律面前人人平等的法治精神。"

华为的这份声明，显然是法务部门拟定的，非常官方，但这份声明显然没有经过加工和转化，直接就发布了。因此，在部门之间的配合方面，如何做到更加协调，也是华为必须反思的。

试想一下，如果这份声明经过加工和转化，不再那么生硬，不再那么高高在上，加入一些对李洪元的歉意，或者以给李洪元建议的方式，请李洪元走司法途径维护自身的权益，那么，网民们的反应还会那么激烈吗？

公共关系部门不但要考虑本公司的诉求，还要顾及公众的感受，预测舆论的导向，等等，要在多方利益诉求的基础上，找到一个最佳平衡点。

在一定程度上，此次危机事件是华为在沟通语言上缺乏技巧导致的。这说明华为在危机应对方面尚存在很大的改进空间，再优秀的公司，也有短板，也需要学习。

华为的"离职门"事件还没有最终结束，据说深圳监察机构已经开始调查李洪元被拘禁251天的具体经过，或许事件的真相在不久之后就会水落石出。

总之，华为要反思的地方有很多。

这件事情给我们哪些启发呢？

优秀如华为这样的公司，在某些事件的处理上也会存在缺失，甚至会陷入被动。优秀的公司当然可以非常自信，但千万不能过于自信，更要对公众怀有敬畏之心，降低身段、持续学习是处理好危机事件的不二法门。

第五章 文化逻辑

让听得到炮声的士兵做决策

HUAWEI

01 鼓励说得少做得好

给大家讲讲龟兔赛跑的故事，这个故事很多人都听过。说的是，兔子因为有先天优势，跑得快，不时在中间喝个下午茶，在草地上小憩。乌龟虽然爬得很慢，但一直不停歇。结果乌龟先到终点，赢得了比赛。华为就是一只大乌龟，一直以来，爬呀爬，全然没看见路两旁的鲜花，忘了中国经济这么多年来一直在爬坡，许多人都到了富裕的阶层，而华为还在艰苦奋斗。

上面一段话是任正非在2013年底华为干部年度工作会议上讲的龟兔赛跑的故事。距离上一次召开的华为干部年度会议已经过去了整整10年。2002年召开的华为干部大会是在IT泡沫破灭，华为濒于破产、信心低下的时候召开的，当时强调的是在冬天里面改变格局。而此时的华为，外在和内在条件早已与10年前不可同日而语了。所以，此次干部大会的主题是发展，以有效的发展为目标，会议的基调是如何乘胜前进、推动变革。

任正非在会议上首次将华为比喻成一只大乌龟，其深层含义是华为人必须保持持续奋斗的精神，而且在奋斗过程中要有平实的理性，而非盲目的叫嚣。

任正非这样强调，是因为当时社会上涌起了一股亢奋的力量。中国自

2000年超越日本成为美国最大的贸易逆差来源国，对美国的贸易顺差呈现不断扩大的趋势，贸易顺差由2002年的427亿美元增长到2011的2018亿美元，中美双边贸易摩擦也在日益升温。从2003年到2012年，美国已对中国发起知识产权调查165起。2003年，思科在美国对华为发起知识产权诉讼，多年后以双方和解告终。由于中美贸易摩擦，华为等一批中国企业受到美国政府的打压，导致中国国内掀起了一股反美情绪，甚至有些地方打出"支持国货、抵制美货"的旗号。这种情绪一旦继续下去，可能引发很多问题。

任正非注意到了这种苗头，因此呼吁华为人要更加理性，避免无济于事的盲目喧嚣。他告诫华为人，华为的这种乌龟精神不能变。

乌龟不会说话，甚至不会叫，一直是个沉默者，很多时候，如果不是看到它，你甚至会忽略它的存在。但这个沉默者有着坚韧的毅力、顽强的精神。

在龟兔赛跑的寓言中，乌龟一直向着既定的目标前进，尽管非常缓慢，但目标始终如一。

创业之后，华为一直在默默成长，不断研发出可以替代国际同行的产品，销售额连年翻番，从一个只有两万元资本金的草根企业迅速成长为中国通信业界的代表企业。此时的华为，尽管在通信行业知名度很高，但在社会上很少有人听说过。因为这一时期的华为，瞄准赶超世界前三的目标，一直埋头做事，从不张扬，任正非拒绝了所有外界颁发的奖项，包括央视的年度经济人物的评选。当时，任正非几乎没有接受过任何媒体的公开采访，更不出席社会上的任何活动。低调、务实、埋头奋斗是华为的一贯做法。这与很多非常高调、动辄搞自我营销、蹭热点的企业形成鲜明对比。当华为成为世界第二大电信设备制造企业之后，引起了社会各界的好奇，尤其是做终端产品以后，华为成了明星企业，其一举一动备受关注，任正非的一言一行都会引发国内外企业界的巨大反响。此时的华为继续保持低调、沉稳的作风，却被迫成了一家"网红"企业。

中国有句古话——不怕慢，就怕站，说的就是持之以恒的力量。

任正非赋予乌龟持续努力的精神，强调华为的这种乌龟精神不能变，他借用这种精神来说明华为人奋斗的理性。

创业以来，华为一直在追赶世界领先企业，每一天都在前行，也许这种方法很笨，但毕竟在前进。当然，这种前进充满了艰辛，华为今天的成就，是几十万华为人拼搏奋斗出来的，绝不是喊口号就可以做到的。

在任正非看来，华为不需要热血沸腾，因为它不能点燃为基站供电。华为需要的是热烈而镇定的情绪、紧张而有秩序的工作，一切要以创造价值为基础。口号连篇，就是管理的浪费。

生活的艰辛以及心灵承受的磨难，成就了任正非隐忍与坚定的性格。任正非总结了一套独有的生存哲学，并成功将其运用到企业管理中。

再伟大的梦想，也需要脚踏实地，一步一步地去实现。

作为一个商业组织，高层领导务虚就可以了，如果全体员工都务虚，而不去做实际工作，那么这个公司就没有办法发展了。

在这个自媒体的时代，个性张扬已经成为常态。这本无可厚非，但如果只是张扬个性，却心无定力，不去踏踏实实地做事情，那就比较麻烦了。

我接触的大多数做技术研发的华为人是比较内向、安静、沉稳的。我曾经与几个华为人合作过，他们负责我们 CEO 书院的技术开发，在开发过程中，我们都很焦急，经常非常不客气地催促他们，甚至在某些时候有些不礼貌地指责他们，但那几位华为的兄弟一点也不在意，也不怄气，而是在听取我们的意见后，继续认真地研发。

我真的很佩服他们面对别人的不理性时的镇定，面对不一定正确的指责时的淡然。

这或许就是任正非认为的乌龟精神。

公司需要创新、需要活力，但也需要理性和平实。需要注意的是，盲目的自信、盲目的非理性，对公司的发展是有害的。哪个公司不需要埋头苦干的人呢？

02
失败者中也有英雄

自古以来,成王败寇是人类社会的一种传统评价方式。相比成功者,那些失败者是被社会大众遗弃的人。可是,在任正非看来,失败并不可怕,而且失败的只是项目,人还是可能成功的,他因此提出,失败的项目中也有英雄。

首先,任何人都不可能保证永远成功,因此,失败有时候是一种必然。如果因此就认为项目成员都"没用",显然是不公平的。

其次,导致项目失败的因素很多,要认真分析到底是什么因素导致的失败。有时候可能是主要领导决策失误导致的,并非基层员工不努力。在失败的项目里,也有作出很大贡献、值得表扬的基层员工。这些员工就是英雄。主管的失误不能掩盖士兵的努力,他们中也有可歌可泣的。当然,决策失败也并非意味着要全盘否定,这次决策失败,或许下次就可以成功了。后期决策成功了,照样是英雄。

在任正非看来,一切作战主管,关注的是胜利,要把确定性的事权分给职能部门;一切平台主管,眼睛应盯着前线,驱使自己的部门及时、准确提供服务与支持。对于领导者,考核的是服务事项的结果。前方打了败仗,部门领导肯定也是败将。败将不可怕,关键是要善于在成功中,找到失误，在失败中找到为什么。

为此，就要建立科学的投资评价机制，投资闭环要有投资回报率和产生价值评估。在任正非看来，成功的项目是双重成功，失败的项目只是项目失败，人还是可能成功的。项目失败或关闭的时候，要评估产生了多少专家、干部。这些专家和干部经历了失败项目的历练，是一笔宝贵的财富，更是后期成功的重要保障。华为很重视从成功项目中选拔人才，也非常注重在失败的项目中挖掘有潜力的人才、管理者。

华为最早研发终端产品是在1994年。当时的终端产品是电话机，华为自己进行开发、生产和销售，还专门成立了一个终端事业部，由毛生江任事业部总经理。终端事业部开发出了各种各样的电话机，有无绳的子母机，有带录音功能的电话机，有桌面的电话机，还有挂在洗手间的壁挂式电话机，等等。但是，电话机市场和交换机市场是两个不同的市场。华为的交换机与国外交换机相比有价格上的优势，但在电话机方面，华为和其他电话机生产厂商相比就没有很大的优势了，再加上当时华为的电话机质量不行，市场一直打不开。

最后，终端事业部生产的电话机主要在公司内部使用，还有就是当礼品送给客户。送客户有时候还会适得其反。北京办事处的主任曾经送了一对子母机给一位局长，结果没用几天就坏了，换了一台，也很快就坏了。换了三次，才可以使用。这样反而影响华为的形象。电话机的客户就是内部员工。公司号召员工积极购买自己的电话机。我在1996年春节回家的时候买了10台公司的电话机，拿回家去送人。很多人用了没多久就跟我说，电话机坏了。终端事业部最终以亏损两个多亿收场。

这次终端产品的尝试虽然失败了，但为华为培养了一批终端产品的市场和技术骨干，为10年后华为进入移动终端产品（手机）的研发和销售奠定了基础。华为手机能有今天的成就，与当时电话机项目的失败有很大关系。

这些年，我与很多投资人沟通过，他们投资一个项目最看重的是这个项目背后的团队，这个团队有成功的案例固然很值得参考，但有失败的项目，并不影响投资人的投资决策。我有个广州的朋友，大学毕业后就开始创业，先后失败了很多次，前几年他又做了一个知识付费项目，投资人给他投资了1000多万元。我当时其实是很不理解的——这个人创业失败了很多次，为什么投资人还可以看好他？在与他的投资人沟通后，我明白了：在投资人看来，一个人有一些失败经历，恰恰是后期可能取得成功的前提——做过的错事，蹚过的浑水，可以让这个创业团队规避很多风险，对风险的把控能力提升了，就容易少犯错误，既然犯错误的概率小了，那么成功的概率就大了。

你看，这就是投资人的逻辑。这个逻辑与任正非的观点可谓不谋而合！

03 / 激发组织活力要靠精神文明

任正非认为华为胜利的基础有两个,一个是方向上的大致正确,另一个是组织充满活力。正确的方向是在不断探索中发现的,而且不是绝对的,所以我们对方向的把控并不是绝对的,要根据外部市场的变化而变化,也就是说,是相对被动的。但是,让组织充满活力,是可以主动去做的。激发组织的活力,要靠精神文明建设。

精神文明建设的含义有两个。

第一,除了物质激励,还要有更高层次的职位激励,以及完善的荣誉体系、满足感、荣耀感,要让员工获得实现自身价值、得到心灵的满足、得到社会的认可、被尊重等非物质层面的激励。

第二,无论是物质激励还是非物质激励,不可能绝对公平,需要你有宽容之心,能够吃一时的小亏,顾全大局,也就是有吃亏是福、乐于奉献的精神。

任正非认为,建设精神文明有三个原则。

第一个原则是满足员工的物质需求,在这一点上,任正非坚持"以获取分享制"为基础。"以获取分享制"的意思是,按照你的贡献大小分配物质利益和荣誉、职位等,前提是你一定要作出贡献。加强精神文明建设并非限制或者放弃物质激励，而是在持续进行物质激励的同时，进行精神文明建设，以弥补单纯的物质激励的不足。

第二个原则是让优秀的人员早点放射光芒，树立榜样。华为每年都召开很多表彰大会，分技术线、管理线、销售线等，设置了很多奖励。其中一个奖励是总裁奖，即由任正非亲自给作出特殊贡献的华为人颁奖，奖励是纯金打造的金质奖章，还会把获奖者的名字刻上去。这种奖励仪式感很强，会让你充分体会到荣誉感，让你激动不已、回味无穷。

在这里，我要给大家分享一个案例——有时候一点物质奖励，还真不如一个很好的非物质奖励。

一个朋友的公司，本来制定了年终奖励方案：每人奖励1万元。对于个人来说，这样的奖励很实惠，但对于公司而言，一万块发出去，很多人很快就花掉忘记了。如何让这个奖励更有示范性、更能震撼大家的心灵呢？

我那个朋友的公司最后选择的方案是：包下当地最豪华的酒店，公司承担所有费用，在获奖员工自己不知道的情况下，将获奖员工的亲属都请来，开一个盛大的颁奖晚会。颁奖晚会开始后，获奖员工挨个儿走红地毯，像歌星影星一样光彩照人，然后是隆重的颁奖。在颁奖之后，员工的家属会被请到舞台上。员工们被感动得稀里哗啦的。这个镜头被永远地定格。这次活动也被员工们永远记住了。

很多员工说，自己结婚都没有如此隆重，没有如此感动，感受没有如此深刻！

这次颁奖，虽然发的奖金不多，但效果非常好。你看，如果只是发1万块钱的奖金，怎么有这种效果。

第三个原则是淘汰不作为的干部，以激活正能量。

这很简单，干部的觉悟要比普通员工高，也就是要能吃亏，乐于奉献。如果干部斤斤计较、拈轻怕重，总是与公司讲价钱，甚至有给一分钱做一分钱的事、不给钱就不做事的心态，那么，这种人首先在观念上就是不合格的，早点淘汰掉更好。

我原来单位里同时来了几个大学生，其中有一个表现很不一样——工作非常积极，别人不愿意做的脏活累活麻烦活，他都积极主动地接过去做，而且从来不提额外的要求，从来不问报酬；如果给他安排一件他也不会做的事情，他一般也不会推辞，而是立即找资料、请教别人，尽快学会，把这项任务完成。

几年之后，当时和他一起来的其他几个大学生还在原地踏步，而他已经成为另外一个部门的小领导，又过了若干年，他成了这个单位的副手。

我一直在思考他的成长，发现他与别人最大的不同就在于不斤斤计较、勇于承担责任，在这一过程中，他获得了较快的成长，学到了很多东西，久而久之，就把别人落在了后面。符合领导的素质要求，晋升也就是顺理成章的事了。你想想，哪个单位不喜欢这种员工？哪个单位喜欢个人利益至上的人呢？

对于企业来说，进行精神文明建设其实就是一种"软性"驱动力的建设。如果能够调动起员工工作的积极性，要比硬性规定更能激发员工的创造力和积极性。事实证明，让员工感动，远比让员工听话更有效果。

04 中高层人员必须严格自律

2007年9月29日下午,华为在华为大学举行了"华为公司《EMT自律宣言》宣誓大会",当届EMT轮值主席郭平做了题为"决不让堡垒从内部攻破"的报告。郭平指出:创业容易守业难,堡垒最容易从内部攻破,华为要时刻保持清醒,强化干部自我监管和组织监管机制的建设,保持干部队伍的廉洁和奋斗,只有这样,华为才有可能长久活下去。

所谓堡垒从内部攻破,就是说华为人自己出问题,这是华为最大的风险。化解和预防来自内部的风险,是华为持续健康发展的重要保障。

既然风险来自内部、来自华为人自身,那么提升华为人自身的防范能力就成了首要任务,而自我防范很大程度上就是自律。

在任正非看来,华为的中高级干部必须有自我约束能力,要能做到自查、自纠、自我批判,每日三省吾身,因此绝不允许"上梁不正下梁歪",绝不允许"堡垒从内部攻破"。

我们说,中高层人员严格自律是为了做好榜样,其实除了这一层含义,任正非对此有另外一层含义,就是企业中高层人员要防止腐败。

华为有着十分严格的财务制度,但可能还是有监察不到之处。2018年,华为收入7500亿元,加上上下游,涉及的资金至少上万亿元。如此庞大的资金流，只要某个人有一点点私心杂念，就有可能损公肥私。事实上，近年来，华为也出现过多次腐败现象。这就使得加强自律更加急迫。

2014年，华为在反腐大会上披露，共查处116名涉嫌腐败的员工，其中有83名为员工内部坦白，29名为主动申报，这些都被从轻处罚，剩下4名被查出来的问题员工则被移交司法处理。

你看，制度再严苛也抵不过人的私欲，所以自律就十分重要了。

华为的系统化自律建设很早就开始了。

2005年12月，华为召开了EMT民主生活会，会上通过了《EMT自律宣言》，其中有：作为公司的领导核心，要正人须先正己，以身作则。

此后的两年时间，华为完成了EMT成员、中高层干部的关联供应商申报与关系清理，并通过制度化宣誓方式层层覆盖所有干部，接受全体员工的监督。

这是华为第一次以制度化的方式进行自律宣言，形成了独特的宣誓文化。

此后，华为又多次举行自律宣誓活动。比如，2007年举行的"华为公司《EMT自律宣言》宣誓大会"，与会的有200多名华为的中高级干部，任正非等9位EMT成员也全部到场。

任正非的宣誓词如下：

我从创办华为担任总裁那一天起，就深感置身于内外矛盾冲突的旋涡中，深感处在各种利益碰撞与诱惑的中心，同时也深感自己肩上责任的沉重。如何从容地应对各种冲突和矛盾，如何在两难困境中果断地决策和取舍，如何长期抵御住私欲的诱惑和干扰？唯有彻底抛弃一切私心杂念，否则无法正确平衡各方面的关系。这是我担任总裁的资格底线，也是我们担任公司高级干部的资格底线。

只有无私才会公平、公正，才能团结好一个团队；只有无私才会无畏，才能坚持原则；只有无私，才敢于批评与自我批评，敢于改正自己的缺点，去除自己的不足；只有无私才会心胸宽广、境界高远，才会包容一切需要容纳的东西，才有能力肩负起应该承担的责任。

> 我郑重承诺：在任期间，决不贪腐，决不允许亲属与公司发生任何形式的关联交易，决不在公司的重大决策中掺杂自私的动机。

任正非对自我要求非常严格，据说他经常请公司同事吃饭，但从不在公司报销。早期，手机通话费用很高，华为给管理层报销电话费用，任正非每个月都要将自己的话费单打印出来，将非公司业务往来的电话费用剔除，以防假公济私。从这些小事情上可以看出来，作为创始人，任正非一直追求公私分明，他自己是这样做的，才要求华为人都能这样。

宣誓显然是一种形式，它的意义就是通过仪式感，让大家对自律有更深刻的认识，毕竟自律是一种内在的自发的约束，主要靠人的自觉性。这种非常有仪式感的外在形式，可以刺激内在的自我约束力。

华为的自律宣言不只在高层，不只在行政系统，还逐步覆盖了公司的各个部门、各个层面。

2007年12月3日至7日，华为研发体系、战略与市场营销体系、用服体系、运作与交付体系、人力资源、党委、华为大学、董事会秘书处等一级部门负责人也分别举行了"干部自律宣言宣誓大会"。这次集体宣誓的誓词为：我们要众志成城，万众一心，把所有的力量都聚焦在公司的业务发展上。我们必须廉洁正气、奋发图强、励精图治，带领团队冲过未来征程上的暗礁险滩。我们决不允许"堡垒从内部攻破"。我们将坚决履行以上承诺，并接受公司审计和全体员工的监督。

华为承认人的自私属性、直面人性的丑恶，然后用自律宣言等方式警示大家，让大家不断提高心理防线。

2016年12月，华为举行了监管体系座谈会。任正非大谈华为内部腐败监管工作的重要性，同时告诫华为员工，通过努力为公司作出贡献而获得的利益会更大，如果为了一点小利就去做不正确的事，不值得。

任正非说得很实在，华为的收入还算可以的，在行业内属于中上等水平，一般一个华为的中层干部年入百万是不成问题的。贪腐或许可以让你一下子得到比较多的收益，但相比在华为长期稳定的合法收益，贪腐的成本其实很高。我们经常看到媒体报道一些贪官在贪腐被查后痛哭流涕、后悔不已。他们在这个时候才明白，其实安分守己才是最大的收益。

　　从华为这些年的宣言中我们可以发现，任正非一直很重视底线意识，这是宣言的核心内容，这些底线是华为中高层的"禁区"，其中很重要的一条就是不能有私心、不能谋私利。

　　当然，仅有自律还不够，还需要强力的他律——来自外部的监督和查处。在加强自律之外，华为也加强了他律的制度建设，比如，华为的干部不仅离任的要审计，在任的也要审计。华为对出现问题的员工或管理层会追究法律责任。

　　古人说，人心难测，知人知面不知心。华为这样的公司也面临这个难题，所以要不断地提醒中高层管理者加强自律。

　　加强自律就是与个人的私心杂念做斗争，限制任何对公司不利的恶念的产生。

　　这其实真的是很难的事情，但作为中高层，必须如此。

05 让听得到炮声的士兵做决策，试点"少将连长"

2016年10月28日晚上，华为吹响了面向未来的盛大集结号，2000名高级专家及干部奔赴一线战场，其中有很多在华为工作了15年、20年的专家、研发高管。在出征仪式上，任正非说，在当前行业数字化及网络转型的形势下，这2000名来自研发系统的高级专家及干部奔赴战场，与几万名熟悉场景的前线将士形成一股铁流，在机会窗内开创一番新天地。对于这批"少将连长"，尽管华为没有明确的运营指标要求，但显然他们承担了重要使命。

过去，华为都是在新员工培训后直接把他们投放到海外市场去锻炼。这次华为直接选派的是非常有经验的顶级专家和干部到一线，因为此次的战略机会非常宝贵，如果继续选派没有任何经验的新员工过去，3~5年之后，当这些新员工成熟的时候，留给华为的机会窗已经半开半掩了，华为就失去了一次占领图像高地、云化时代的机会。因此，华为短时间内直接选拔了有15~20年研发经验的高级专家和高级干部投入战场。这是"少将连长"政策推出的时机背景。

我们知道，部队作战经常以连为单位，普通连长就是领导100来人的比较基层的管理者。连长虽然职位不高，但经常是作战的一线指挥官，因此非常重要。

任正非这里说的"少将连长",其实就是让具有少将能力的人去作连长,就是把原来在公司总部的高级技术专家、管理者充实到一线,提升一线的战斗力。过去,直接面对客户的一线销售是华为最低端的职位,放最初级的员工去攻关;"少将连长"制度则是让经验丰富、专业的具有资源整合能力的专家去冲锋陷阵,尤其是针对优质客户和重要的老客户,要用精锐的全能型干部来攻克难关,并配置合适的资源。

任正非对"少将连长"的解释是:"'少将'有两种,一是少将同志当了连长,二是连长配了个少将衔。"

华为出现"少将连长"至少有两个途径:第一,高级干部下到基层一线,当基层主管,带小团队冲锋陷阵,充当尖兵;或者如同重装旅,作为资源池,到一线协调指挥重大项目、建立高层客户关系、建设商业生态环境,充分发挥老干部的优势。

第二,"连长配了个少将衔",就是提高一线人员的级别,一线基层主管、骨干因为优秀而被破格提拔,职级、待遇等达到了很高的水准,这样就会引导优秀人才到一线、长期奋斗在一线,逐渐筛选出优质资源直接服务客户,从而创造更大的价值。

从华为的管理实践来看,"少将连长"政策具有非常重要的意义。

任正非曾经大声呼吁"让听到炮声的人"做决策,因为远在数万公里之外的总部对市场一线的信息掌握不及时不全面,做出的决策很可能是拍脑袋的、滞后的,会严重影响对客户的服务。如果真的让一线的基层员工进行很多重大决策,则存在很大风险,毕竟管理层有管理层的优势、经验、高度,这些是很多一线员工,尤其是很多新员工不具备的。此外,高层到一线去还有很多其他好处,比如可以调动的资源多、更可以锻炼管理层处理现实问题的能力。

在企业传统组织架构里,一线位于企业组织金字塔的最底层,级别最低,但这些一线员工恰恰是华为面对客户、面对复杂项目、面对极端困难进行突破的着力点。也就是说,传统做法上,华为与客户打交道的都是一线员工,甚至是刚刚毕业没有什么工作经验的员工。这些员工服务客户、对接客户的管理层，甚至在很多大型项目上进行分析判断，难免有时候力不从心，甚至出现重大失误。在这种组织架构之下，任正非大声呼吁的"让听到炮声的人呼唤炮火"就很难落地。

华为试点"少将连长"制度，很大程度上是为了让久居高位的领导者到基层去，充实一线的力量，让管理层在一线的实战中去锻炼、去决策。这样，既可以锻炼管理层，又能让一线的决策更加科学合理，从而大大降低风险。比如，2016年华为派出2000位研发专家到一线去，他们对技术深刻的理解与前线将士的战场掌控能力结合，大大提升了一线的作战能力。

当然，华为的"少将连长"还只是一种试点，没有大规模推行。试点的选择有一个重要的条件，就是要按照员工面对项目的价值与难度，以及已产生的价值与贡献。也就是说，被支持的项目必须有盈利，至少是有大规模盈利的可能，这类项目才能试点"少将连长"。任正非一直主张，要从有效益，能养高级别专家、干部的代表处开始改革，也就是"优质资源向优质客户倾斜"。只有从优质客户身上赚到更多的钱，才能提高优质队伍的级别配置，才能落实"少将连长"的高配。

其实，一线基层员工绝大部分是最普通的员工，是大多数公司组织架构的常态。任正非敏感地看到了这种架构的问题，所以用"少将连长"来修正这种组织架构的不足。

06 / 1% 的希望要付出 100% 的努力

任正非说，处于中高层管理岗位的干部应该是一群对事业充满使命感的人，这种使命感会使其保持持久的工作热情和高度负责任的工作态度。

在逆境中，这种使命感可以支持领导者带领他的团队循着胜利的微光前行；在顺境中，这种使命感可以支持领导者带领他的团队不断挑战自我、追求卓越，而不会"小富即安"地放弃更大的成功机会。

在市场层面，我将任正非的这种不断挑战自我、永不放弃的精神总结为 1% 的希望要付出 100% 的努力。

我从以下两个方面来分析。

首先，要永远记住，自己才是第一责任人，责任在自己的肩上，没有人可以代替！

2009 年，华为公司印尼解决方案副代表杨永代表华为去参加华为在印尼第一个海缆项目标书澄清会议。完成本公司的澄清后，杨永在酒店门口等着会议结束，因为还有几个同行公司随后要做澄清。左等右等，直到天黑，客户始终没有出现。一种不祥的预感涌上心头，杨永进去打听后才知道，会议早已结束，友商把客户从酒店后门接走了。大家看看，市场竞争多么激烈！杨永的心里"咯噔"一下，呆住了。

2008 年以前，杨永负责的数个项目率先突破进入印尼几个大客户，一时风头无两。但 2008 年情况急转直下，杨永在优势领域连丢了三个项目，他被打蒙了，信心跌到了谷底。

这个项目是华为海洋设备模块成立后的第一个海缆项目，也是杨永最后的希望。项目组数月的运作，没日没夜的加班，所有人的努力眼看又要付诸东流。杨永和客户经理这两个七尺男儿站在万隆的街头欲哭无泪。

在这件事情上，杨永显然是第一责任人，因为他是代表华为公司去竞标的，尽管背后是公司，但他作为一线人员，肩负的是整个公司赋予自己的责任。

杨永对同事说："去找客户吧。无论如何要把客户找到，拿到最新的第一手信息，不然怎么对得起项目组一起拼命的兄弟们？"

可是万隆这么大，怎么找？

两个华为人冒着雨，一家家地"扫"万隆的饭店，午夜时分，终于在一处饭店门口看到了客户的车。拿到评标的最新情况，杨永立即回到办公室，连夜调整了策略。

最终，华为拿下了这家公司全球第一个海底光缆项目。此役以后，华为势如破竹，在客户的网络市场总体份额超过 50%。

虽然无法预知下一个客户是什么状况，但是靠着不服输的韧劲与坚持，华为在印尼市场捷报频传。

上面这个故事，主要强调的是，要时刻记得自己是第一责任人，在任何情况下，这个责任是无法被转移的。有了这种责任心，才能相信公司、相信自己。

其次，要有坚强的毅力，不到最后一刻不放弃，到了最后一刻也不放弃。

再讲一个华为印尼项目品牌经理姚本俊的故事。

2013 年 11 月，APEC 峰会在巴厘岛召开，印尼移动运营商 A 客户将在峰会期间发布 LTE（长期演进技术）业务，要求各厂商提供 LTE 体验 DEMO（Demonstration 的缩写，意为示范、展示、样板等）。

姚本俊给客户的提议是全球首个 LTE 全息演示。因为是首创，在技术实现过程中遭遇了各种难题和艰辛。很多人劝姚本俊放弃，选择传统的 LTE 演示方式。

平常的东西如何能够打动客户呢？对于品牌，姚本俊心中始终有个标准：如果不能做到极致和非凡，还不如不做。

为了坚守心中的标准，姚本俊也付出了代价。他把近 100 斤重的全息玻璃从中国带到印尼，在印尼海关被扣留，在小黑屋关到半夜；供应商不愿接单，姚本俊和同事们买来材料自己动手制作……

最终，华为成功了，印尼通信部长参观时表示非常惊奇和震撼；见多识广的华为印尼地区部领导也说，这种演示方式还是第一次见到。此后，这个客户每次 LTE 营销活动都指定华为提供演示方案。

姚本俊深刻地感悟到，多了 1% 的坚守，最终会换来 100% 的成功。

1% 的希望说的是要有信心，愿意为了渺小的希望去努力、去尝试，不怕失败；100% 的努力说的是行动。1% 的希望要付出 100% 的努力就是说，哪怕有 1% 的可能，也要付出 100% 的努力去尝试，万一成功了呢？

07 我们要的是战士，而不是完美的苍蝇

近年来，随着华为公司规模的扩大，招聘员工的频次和人数也日益增长。华为的人力资源部门制定了非常严格而缜密的人才招聘、培养体系，招聘流程非常复杂，据说对于中层岗位，仅面试环节就有三轮。本来，对人才进行全面立体的考察是筛选合适人才的重要方式，但是过于细致全面的考察、对人才过于完美的要求，可能会错失一些有能力同时有缺点的人才。

任正非发现了这种情况。2018年2月9日，任正非在员工关系变革工作进展汇报会上说，"我们现在录用一个员工，像选一个内衣模特一样，挑啊挑，可结果不会打仗"，接着说了这句经典的话——"我们要的是战士，而不是完美的苍蝇"。

这句话是鲁迅的原创。1925年，鲁迅在《战士和苍蝇》这篇文章中说："有缺点的战士终竟是战士，完美的苍蝇也终竟不过是苍蝇。"

任正非用鲁迅的话表达了他的用人观。任正非不苛求完美的人才，认为完人是可遇不可求的，而且完人通常不适合当一个好员工，所以对那些有能力的人，不要总是想着把他们修炼成完美的人。

他曾经说过："我不希望大家去做完人。大家要充分发挥自己的优点，

做有益于社会的人，这已经很不错了。我们为了修炼做完人，抹去了身上许多的棱角，自己的优势往往被压抑了，成了被驯服的工具。但外部的压抑并不会使人的本性完全消失，人内在本性的优势，与外在完人的表现形式，不断地形成内心冲突，使人非常痛苦。我希望把你的优势充分发挥出来，贡献于社会，贡献于集体，贡献于我们的事业。每个人的优势加在一起，就可以形成一个具有'完人'特质的集体。"

我们从以下两个方面分析任正非的观点。

第一，要包容人才的缺陷，不对人才求全责备。

这里的缺陷有两个意思：

其一，人才在性格或者生理等方面的缺陷，比如某些人天生性格内向、不喜欢社交、不喜欢沟通。

任正非说：我们要让优秀人才活下来，优秀人才大多是歪才。在座各位能接受贝多芬到华为应聘吗？谁知道聋人也能成为音乐家呢？华为公司要能容忍一些不太合群的人，允许他们的思想在公司发酵。

华为的心声社区允许员工批评公司，这些帖子任正非都会看，看看他们批评的是哪一点，找些领导来看看这一点是否真正有问题。如果真有问题，华为作出改进。现在总裁办邮件发文经常附上心声社区跟帖。

其二，要对人才能力进行模块化测评，认清人才在某些专业能力上的缺陷，发挥其长处，回避其短处，不要为了弥补他的短板，导致其优势无法发挥。

华为对人才的能力进行了模块化测评，能力模块化以后，单个能力能及时、快速优化，但是，不能因为这块能力优化了，就把其他能力拖住。能力模块化强调的是不要求全才，专才即可。任正非要求，华为的人力资源系统对人才不要有完美主义思想。

第二，功过分开评价，讲究一分为二的原则。

在华为，选拔人才非常注重人的大节。所谓大节，就是要敢于奋斗、不怕吃苦、不要小富则安。任正非要求，选拔干部的方法一定要变。一方面，组织要看到干部的长远性，不要总抓住缺点，要给予其改正的机会。另一方面，干部要严格控制自己的欲望，要看长远利益，不要看蝇头小利。任正非要求华为在评价干部时候,缺点归缺点,成绩归成绩,不因你作出成绩就原谅缺点,也不因你有缺点就不选拔。

这是对人才的客观界定——没有完美的人才,有缺陷的人才倒是很常见,要能够为我所用。这就要求公司有一定的机制,能够容忍这些人才的存在,激励这些人才发挥作用。

我们上面讲了,华为不求全责备、不要求人才完美,能容忍人才的缺陷,但是,这种容忍并非毫无底线,而是要在与公司规定、法律法规、道德标准、公司的基本价值观不冲突的前提之下。

华为是如何让不完美的人尽可能地发挥自己才能的呢?

华为公司有系统保障。能做到上述几点不是说说就可以的,也不是想做就做的。

集成开发（Integrated Product Development,IPD）,是一种跨部门合作的体系,也是一种产品开发的理念以及模式。华为公司从1997年开始,花重金请IBM、埃森哲等公司为华为量身定做IPD,历经10多年才基本完善。这是华为技术开发的支撑,可以让产品的研发周期缩短、成本降低、质量明显提高。

2007年,华为正式启动了IFS（集成财务转型）项目。IFS项目当年就取得成效——华为2008年年报显示,2008年华为贸易性应收账款增长率为357%,贸易性应收账款占总资产比例同比下降56个百分点。

1997年以来,华为在组织流程方面陆续与IBM、Hay、PwC、德勤、FhG、盖洛普、NFO-TNS、Oracle等全球顶级的公司合作,从业务流程、组织、品质控制、人力资源、财务、客户满意度六个方面进行了系统变革、建立了依托于IT架构的复杂而高效的运作体系。

这些完善的体系,让华为的运营基本摆脱了对"人"的依赖。

有了上述复杂而高效的系统,任正非就可以进行各种用人尝试,能够让所有优秀人才来跳舞,想怎么跳舞都可以,即使某些人才出了问题,也不会对公司产生严重的危害。

但是,管理优化并非一劳永逸,而是要不断进行的。

今天的华为算是一家大公司了,大公司病也开始显现。

根据华为流程文件管理平台信息，截至 2018 年 3 月 30 日 22：03，华为共计有效中文流程文件 2.9092 万份，随机抽取 20 份文件，得出平均每份流程文件有 12.6 页，这样可以推算，华为仅中文流程文件就有 36.7 万页。而美国联邦法规才 18.5 万页，也就是说，华为仅仅中文流程文档就是美国联邦法规的两倍！流程如此烦琐，很大程度上是因为人力资源部门不懂业务，只有靠在流程中增加管控点来了解工作进展、评估绩效。这会在很大程度上导致流程的僵化，从而埋没有创新能力的个性化的人才。

任正非要求华为的人力资源系统也要进行改革，要让懂业务的人员来管理人力资源，因为人力资源如果不懂业务，就无法识别哪些是优秀干部，也不会判断谁好谁坏，只会通过增加流程节点来追求完美。

任正非说，华为要简化流程，给有能力但存在一些缺陷的人才"松绑"，给他们充分施展才华的空间。

任正非由此说了一句名言，"我们要的是战士，而不是完美的苍蝇"。这句话很简单，也很明了，但真正做到还是需要很多条件的。

首先，理念上要真正认同，对于有能力但缺点也很明显的人才，要有包容之心、容忍之量，不能苛求完美、求全责备。很多领导有完美情结，认为优秀的人应该各个方面都优秀，不可以有这样那样的缺点，不可以有短板。我们在培养孩子的时候也经常这样要求，希望孩子各个方面都很优秀，琴棋书画样样精通。但在现实中，更多孩子无法做到，一些在某个领域有专长的孩子甚至在某些方面非常差劲。作为领导、同事，要"看得惯"这些人才的缺点。

其次，还要有一定的容错机制。给予有能力的"偏才"施展的空间后，"偏才"可能会犯错误，公司要有容错、纠错的机制和承担错误后果的能力；有了比较适合的 IT 系统后，这种纠错能力就会得到提升，容错机制才能落地。

08 垫子文化：奋斗者的剪影

华为的垫子文化是在早期创业阶段流行起来的。

早期的华为技术基础非常薄弱，加上要迅速满足客户的需求，与国际同行争夺市场，华为只能采取人海战术进行技术追赶、服务比拼。

华为的人海战术体现在两个方面：一是投入的人力非常多；二是投入的工作时间非常长。

在人数和工作时间上都占有优势的前提下，华为的技术逐步有了起色，服务也逐步能够满足客户的需求。

也因此，华为人的工作节奏非常快，工作时间非常长。

在时间非常紧张、任务压力很大的情况下，很多技术人员没有办法回家，出差在外的也没有时间回酒店休息，只好就在客户的机房（当时的客户主要是邮电局、电信局，设备所在的房间就叫机房）将就一下，休息差不多了爬起来接着工作，直到排除了故障、客户满意了，才能真正地休息一下。

在华为公司的技术人员，由于工作时间非常紧张，也经常没有办法回家，经常在办公室铺个垫子休息。

当时，华为的产品质量不太稳定，经常出现故障，必须在第一时间排除故障，华为的技术人员当时被称作"救火队员"，经常突然要去支援某个项目。在这一过程中，"救火队员"们也经常需要加班加点，甚至经常就住在客户的机房里，很多时候就是把几个纸箱撕开，铺在地上，躺上去休息。

久而久之，华为就形成了这种独特的垫子文化。

2003年到2010年前后，我多次去华为公司参观访问，在华为办公区的确看到了很多可以折叠的床垫。当时华为的办公环境比较简陋，条件比较艰苦，华为人都有一个可以折叠的薄床垫，在加班的时候休息用。

可以说，垫子文化就是华为艰苦奋斗精神的体现，是华为人勤奋刻苦工作的见证。

任正非曾经在一篇文章中写道：华为必须一直努力，因为不努力将一无所有。

在创业的时候，华为连有限的资源都没有，但是华为的员工都很努力，拼命地创造资源。为了能生存下来，华为的研究与试验人员没日没夜地干，拼命地追赶世界潮流。华为的生产队伍努力与国际接轨，坚持进步；华为的机关服务队伍，一听到枪声，一见到火光，就全力以赴支援前方，并不需要指令。

任正非曾经在一篇文章中饱含深情地写道："华为用户服务中心的员工们，用青春和心血铺就了华为成功的道路。不管冰天雪地、赤日炎炎，在白山黑水、崇山峻岭中，没有日夜的概念，终年奔波在维修、装机的路上，用户的需要就是命令。"

任正非一点没有夸张。

给大家讲一个真实的故事：有一年，东北某个客户的设备出了故障，负责维修的华为人火速赶往设备机房。当时正值数九寒冬，大雪堵住了道路，导致严重塞车，前去支援的华为技术工程师们被困在路上一天一夜。开始时，大家还开着车里的空调取暖，但后来担心油不够，就把空调关了，车里温度降到零下20多度，大家冻得差点昏过去。在这种情况下，华为人还是在最短的时间内赶到了客户的机房，排除了故障，恢复了通信。

这样的例子很多很多。比如，在炎热的夏天，去排除故障的华为人挤在蒸笼般超载的长途车上赶往客户那里；大年三十，技术人员要爬上高高的铁塔，维护和检修设备。

早期的华为资金非常紧张，为了积累生产的流动资金，一直到创业的第八个年头，98.5%的员工还住在农民房里，华为的许多博士、硕士，甚至公司的高层领导还居无定所。

2019年7月，我在一名华为管理层的陪同下专门到深圳龙岗区坂田的华为基地考察，在距离坂田华为基地几公里的地方，有大片城中村，都是七八层高的民房。这位在华为工作了15年的管理人员指着那一大片民房对我说，那就是华为创业初期中层干部们集中居住的地方，之前更多，这几年很多民房被拆除，建成了高楼大厦，但还是有相当一大片存在着。

华为坂田基地落成后，每年都有大量新人进来，但当时的很多配套设施跟不上，员工和干部们连住的地方都没有。距离公司最近的就是这里的城中村，于是华为公司就给员工租赁了大量民房。很多华为人就是在这里度过了自己的青春岁月。我的这位朋友也在这里居住了整整8年。

这片城中村的旁边是华为自己建设的单身公寓——百草园。百草园是华为建设的第一个员工集中居住区，当时这里的城市化进程还非常缓慢，百草园和华为坂田基地都被城中村包围。那个时候，经常有一些附近的不良青年到百草园闹事、骚扰居住在这里的华为人，华为不得不聘请了专业的安保公司24小时警卫，才逐步平息了这些对华为人造成威胁的因素。

在创业18年的时候，任正非曾经说，华为的高级干部几乎没有什么节假日，24小时不能关手机，要能随时随地处理问题。现在，因为全球化后的时差问题，华为总是夜里开会。为了能团结广大员工一起奋斗，公司创业者和高层领导不断地主动稀释自己的股份，以激励更多的人才加入。华为高层领导用自己生命的那缕微光，在茫茫黑暗中，带领并激励着所有华为人艰难地前进。

可以说，早期的华为，为了点滴的进步，大家熬干了心血，一切为了活下去。任正非曾经感慨：世界留给华为人的财富就是努力，不努力将一无所有。华为有名的垫子文化，将万古流芳。

华为的垫子文化，就是华为人不畏艰难、勇往直前、艰苦奋斗的创业精神，是华为人无私付出、积极奉献的品质。

当然，发展进入稳健期的华为对垫子文化也进行了一些修正，不再一味强调刚性工作，而开始实施弹性工作，甚至从关心员工的健康出发，开始禁止非必要加班了。

今天，垫子文化已经成为华为艰苦奋斗的象征。

今天的华为，基本上不用在办公室打地铺睡觉了，但艰苦奋斗的精神、拼搏的干劲任何时候都不可以放弃。

华为走到今天，在很多人眼里已经很大、很成功了。有人认为，创业时期形成的"垫子文化"、奋斗文化已经不合适了，可以放松一些，可以按部就班了。这种想法是危险的。因为繁荣的背后，都充满危机，这个危机不是繁荣的特性，而是处在繁荣包围中的人的意识。艰苦奋斗必然带来繁荣，繁荣后不再艰苦奋斗，必然丢失繁荣。

任正非曾经说，"千古兴亡多少事，不尽长江滚滚来"，历史是一面镜子，它给了华为深刻的启示。奋斗更重要的是思想上的艰苦奋斗，时刻保持危机感，面对成绩保持清醒头脑，不骄不躁。任正非说：华为人只有躺倒在棺材板里，才能够松懈下来。这句话的意思是说，华为存在一天，华为人就必须奋斗一天。

做企业如逆水行舟，不进则退，市场千变万化，一不留神就可能死掉。因此，企业必须保持拼搏精神、持续地艰苦奋斗。

第六章 人才逻辑

与奋斗者共享成功

01 不以资历论英雄,任人唯"亲"

华为施行的是职权动态分配制度,也就是我们通常所说的干部能上能下。那么,什么样的人才能被提拔呢?任正非曾经说,华为任用干部的原则之一就是任人唯"亲"和任人唯贤相结合原则。

大家注意,我这里说的任人唯"亲"的"亲"是打了引号的。任人唯"亲"的"亲"是指两点,这两点是必要条件。哪两点呢?一是道德要符合华为的要求;二是认同华为的文化。

显然,华为的任人唯"亲"的"亲"不是指亲属。

任正非的一个重要观点就是:要提拔重用那些认同华为的价值观又能产生效益的干部。对于那些不认同华为的价值观又不能产生效益的人,要劝退,除非他们迅速转变。具备两者之一的要予以分类和改造。

在华为,只有高度认同华为文化的人,才能成为华为的高管;一般认同的人,只能成为中层或者基层员工;不认同的,则会被逐步淘汰。

但是,华为的任人唯"亲"也是很灵活的:对拥有专业技术的新员工(这里要注意两点——一是拥有专业技术,而不是管理岗位;二是新员工),任正非提出,要团结爱护他们,放在一定的岗位上使用,而不能因为他们暂不具有华为文化和价值观而歧视他们。

华为的道德和价值观的筛选，都实行一票否决制，某个领导一旦在这两点上有任何一点出问题，就会被无情地清理出去，以保证这支队伍充满战斗力、不腐败。

华为公司选择干部有几个时期：最开始是以德为主，逐渐走向德才兼备，到才德兼备，最终还是德高者才能进入高层。

俗语说：是骡子是马，遛遛便知。不让人上去试试，怎么知道哪个是"千里马"，怎么知道其品德好不好？

创建初期，华为非常重视德，主要是靠感觉来考评干部，但人的精力有限，靠感觉效率太低，因此早期华为的大发展遇到了很多阻力，这与人才没有得到充分利用、整个运行机制没有完全理顺有关。这一阶段，华为把德放在了非常重要的位置，比如，物料部为华为公司的发展作出了巨大贡献，公司就把那些最优秀的人、品德最好的人一个个往那里调，他们对公司的发展起到了不可磨灭的作用，但也因此造成公司的发展不够平衡。

随着华为进入发展壮大的准备期，其人才政策也由初期的以德为主转变为德才兼备，以德才来选拔干部。有才无德当然不行，但选拔人才时，首先看重是否有才干。华为给你百分之百的信任，让你放开手脚去干，你干好了，就证明了你德很高，而不是先看中你的德，才给你一个工作，让你去做。

有很多有才干的人，一定要让他们先跑起来，跑起来才能判别他们是不是真的"千里马"，是否经得起考验。如果还没看清楚，就把"千里马"关到"猪圈"里，是不可能发挥其应有的作用的。所以，必须把人放到实际环境中去锻炼、去改造、去加强修养。

才德兼备后，并不表示不再对德进行控制、考核了，而是先让他们干、让他们跑起来。这样就给大家创造了很多发展的机会，再根据每个人的表现来鉴别考核，使之不断进入公司越来越高的层次。

在快速发展时期，华为实行了内部竞聘制度，几乎所有岗位都是开放的，所有华为人都可以竞聘。对华为人来说，每次竞聘都是一次挑战、一次前进。竞聘者在台上讲演，台下的人也有收获。这种方式促进了内部整体干部素质的提高，也形成了不拘一格选人才、不论资排辈的风气。

华为发展历史上有一个著名人物叫毛生江，此人原来是华为的一个中层干部，但在一次任职竞聘中落榜了。很多人都觉得毛生江冤，因为他资历很老、很有才干，并且一直表现不错，同事们都觉得他竞聘不上简直不可思议。但制度就是制度，制度有时候或许有偏差，但必须被尊重。一夜之间，毛生江从部门领导变成一名普通员工。在很多公司，这样的人肯定不好意思继续待下去了。但在华为，毛生江同学很愉快地接受了这个现实，并通过内部人才市场去了另外一个部门，又从普通员工做起。几年后，毛生江又成了领导，而且职务比之前高。其实，华为每次竞聘都有很多人落选，有的重整旗鼓，过几年又起来了，也有一些被淘汰出局。

关于华为的不拘一格用人才，李一男可谓一个典型。

华中科技大学毕业之后，李一男直接被招聘进了华为，从实习生开始，后来参与C&C08交换机等华为早期几款重要设备的研发。李一男的技术天赋很快显现出来，连续解决了好几个技术难关，从实习生迅速被提升为组长，然后是技术部门负责人。由于李一男在C&C08交换机研发上的重要贡献，27岁的李一男就被火箭提拔为华为的副总裁，成为华为历史上最年轻的副总裁，成就了一段传奇。

我有一些在老国有企业工作的朋友，在听我讲李一男的案例时，惊讶得牙齿都快掉了——他们难以想象，一个刚进公司几年的小年轻，竟然可以成为副总裁，要知道，他们在单位工作了10年、20年，才是中层啊。

华为的岗位升迁制度，有力地促进了华为干部队伍整体素质的提高。

再后来，华为引进了美国著名人力资源公司HAY构建的人力资源管理体系，对干部的考评更加科学和全面，但对"德"的要求一点没有降低。

02
多劳多得，不让雷锋、焦裕禄吃亏

2017年8月，任正非在听取华为人力资源部劳动工资科关于日本制造企业作业类员工管理调研时提出，华为价值评价标准不要模糊化，坚持以奋斗者为本，多劳多得。干得好了，一定要多发钱，华为不能让雷锋吃亏，雷锋也是要富裕的，这样人人才想当雷锋。

我们都知道，雷锋和焦裕禄都是无私奉献的典型，具有崇高的人格魅力。但是，他们在物质上都比较匮乏，比如雷锋，经常将最好的物质都送给了需要帮助的人，自己则缺衣少穿，生活品质非常差。

在很多人的观念里，雷锋、焦裕禄就该是这个样子——吃苦耐劳、无私奉献、甘于清贫，从不讲究物质享受。

任正非在华为也提倡学习雷锋、焦裕禄那种无私奉献的精神，但是他同时指出，不能让雷锋一直贫苦下去，雷锋也需要致富，不能一直穿着打了补丁的衣服。因此，在华为公司，凡是对公司作出贡献、有显著奉献精神的人，公司在给予精神奖励的同时，一定会给予适当的物质奖励，不会让他吃亏，也就是一定会保障奋斗者的利益。

华为提倡以贡献定收益，贡献就是给公司带来的价值，这种价值包括直接带来的经济收益，也包括技术创新、产品及管理等各个层面的，总之，就是对公司发展有利的。

华为的基本理念是，公司提倡和要求员工无私奉献，但员工真的奉献了，也一定要给予相应的奖励，让奉献者、劳动者能够多劳多得。因此，华为给员工比较高的收入。对于愿意付出更多的员工，华为不会视而不见，而是会给予更多奖励。这种奖励不只是精神上的，还有物质上的。

为此，华为制定了有竞争力的薪酬制度。比如，刚开始进军国际市场的时候，在中亚、非洲经济比较落后的地区，华为的办事机构条件非常差，被派驻到当地的华为人经常没有干净水可以饮用、没有好的住宿条件，而且面临患上各种传染性疾病的风险。

一个华为人曾在一篇回忆文章里写道，他们居住的地方蚊子非常多，蚊子起飞的时候就如龙卷风一样遮天蔽日，他与众多驻守当地的华为人一样，经常被叮咬得满身是包，加上水土不服、饮食习惯无法适应，很多人都无法坚持下去。但也有很多华为人一直坚守，而且在当地开疆拓土，为华为拿下了很多订单，为客户提供了优质服务。

在政治环境动荡、社会不安定的中东地区，由于恐怖袭击频发，华为人甚至面临生命安全受到威胁的风险，但依旧有一批批华为人前赴后继地到当地提供服务。

在华为看来，这些人都是雷锋、焦裕禄式的员工，他们应该得到适当的回报。

对于在海外工作的员工，尤其是一些风险系数较高、生活条件比较艰苦地区的员工，华为一直给予比较高的日常工作补贴，还给予很高的荣誉，当然，在年终奖励上也有所体现。前几年，我一个在南非待了5年的华为朋友回国，拿到的补贴可以买一套房子了。可见，华为对海外艰苦地区员工的补贴还是不错的。

对于基层的操作类员工，由于其工作结果是确定的，华为要求他们对确定性的内容负责，对他们的考核有基于基线的量化指标和质量指标，通过比对，根据完成情况来确定待遇。华为鼓励他们多拿钱，拿钱少的员工可能被优先裁掉。

这就鼓励基层员工不断提升技能，将工作做得又快又好，这样，基层员工即使级别不高，收入也可以很不错，在机制上真正体现出多劳多得。

在设计这种简单工作岗位员工的薪酬时，华为会考虑员工的作业特点。比如，华为有很多专门接待客户的服务员，他们要端茶送水，工作看似很简单，但又非常重要，有时候也比较繁重。在这类岗位的薪酬设计上，华为增加了上岗津贴和宴会补贴，这些员工做得越多收入就越高，甚至可以远远超过部门领导。

除了这种一次分配外，华为还有内部分红。分红按年薪酬总收入确定，年度总收入越高，分红就越高。

如果某些员工只是偶尔业绩做得好，没有持续贡献的能力，就只能拿高额奖金，不能被提拔。这一制度安排就非常有利于发现和培养真正有持续创新能力的核心人才。

多劳多得，这看起来很简单，但其实很多公司很难做到。

有些公司经常鼓励员工多奉献，却只给员工精神鼓励，而不给予物质奖励，久而久之，员工的奉献精神就会减弱。即使愿意奉献的员工自己没有什么想法、奉献精神不减，其他员工看在眼里，也会受到影响的——或许真的会有员工说，你看×××一直在奉献，却一点好处都没有，真是傻瓜！

你看，这样的环境最终很难形成正面积极的氛围。如果某人很有奉献精神，公司也很快给予精神和物质上的双重奖励，且一直坚持如此，大家就会知道——干的多和干的少真的不一样，奉献与不奉献真的不一样。

03 / 内生成长永远是主要的干部路线

我们要用开放的心胸，引进各种优秀人才，要敢于让他们在能发挥作用的方面发挥作用。华为不排斥从外部招揽人才，实际上，华为的很多技术人员都是从外部招聘的，华为在海外的很多市场与营销人员也是从当地招聘的。

但是，华为必须加大自己培养干部的力度。任正非说："我们要对各级优秀干部循环赋能，要在责任结果的基础上，大力选拔干部，内生成长永远是我们主要的干部路线。"

所谓内生成长，主要含义是华为从高校招聘、培养。这种干部的培养成本是非常高的，因为一名大学生从招聘进来，到胜任工作，再到成长为优秀的干部，一般需要比较长的时间，时间越长，投入越大，风险越大。比如，有一些大学生，公司花费了好几年的时间、大量的时间精力，也投入了很多资源，好不容易培养出来，可以为公司作贡献了，结果人家被其他公司挖走了，或者是去创业了。然后，公司又要重新培养。

自己培养人才如同栽种苹果树，从小树苗开始培育、浇水、剪枝，四五年后才能结苹果，但苹果刚成熟，就被他人摘去了。你说这是不是很让人郁闷？

正因为社会上这样"摘苹果"的情况很多，栽种苹果树的人少，才导致很多公司，尤其是规模不够大、没有长远规划的公司，不愿意冒险去种苹果，而是直接去摘苹果。有一定工作经验、有一定管理能力的人更是抢手。很多猎头公司、招聘网站这些年非常火爆，这也是原因之一。

华为当然有足够的规模和资本去栽种苹果树，也有足够的耐心去培育果树、等待开花结果。但华为之所以要自己培养干部，更重要的在于，在任正非看来，刚出校门的学生如同白纸，还没有被社会上一些不良风气、不同的企业文化影响，比较纯粹，进入华为公司后，按照华为的流程进行培养，比较容易认同华为的企业文化和价值观，也更容易融入华为。

这种由华为从高校招聘培养起来的干部，对华为具有天然的认同感，会有嫡系部队的观念，对华为的感情更深，也更会将华为当成自己的"家"——这很容易理解，华为是自己的第一份工作，而且是华为将自己从刚毕业时懵懂无知的少年培养成独当一面的技术能手，这种感恩之心会深深植根在这些华为人的心里。这种嫡系员工更容易对华为不离不弃、忠心耿耿，更容易包容华为的各种缺陷，更容易将华为的事业当成自己的终生追求。

当然了，这样由华为手把手辅导、一天天看着成长起来的干部，其脾气、习性、品质、做事风格等，华为的人力资源部门、高层也最了解，最容易做到知人善用，从而大大降低了用人不当的风险。

虽然自己培养干部有很多好处，但华为并不排斥从社会上招聘干部。华为有很多从社会上招聘过来的"空降兵"，他们在华为发展得很好，成为华为的重要力量。

但是，我们不得不说，从外面去挖"空降兵"也有很多风险。

其一，文化冲突。凡是挖来的，一般是在原来的公司做得不错的，能在原来的公司做得不错，很大程度上也是受原有公司文化影响最深、对原来公司最认同、做事风格最接近原来公司价值理念的。这些人能力一般不错，但很容易带有原来公司的文化痕迹、做事风格等"外来属性"，这些属性很容易与华为的文化产生冲突。当然，这些外来干部由于对华为的理解不深入，也需要一定的适应期。这也就是很多空降兵到新公司出现"水土不服"的重要原因。

其二，空降兵存在一定的道德风险。相比自己培养起来的干部，华为对空降兵的了解非常少，尽管引进之前猎头公司进行了详细调查，华为也进行了多轮面试，但这种短暂的沟通和调查很容易偏颇，华为对他们的了解，当然无法与十几二十年朝夕相处培养起来的自己的干部相比了。

空降兵还有一个很大的风险，就是投机性——最直白的说法就是，你今天能空降到我们这里来，过几年就可能空降到别人那里去。很多时候，空降兵类的管理层流动性比较大，在管理上的长远规划就比较弱，容易导致管理上的急功近利，从而影响公司的长远发展。

基于以上原因，华为每年都会从各大高校招聘毕业生，然后自己花费巨额资金培养，这当然需要足够的耐心。但一旦培养出来一些优秀人才，对华为的贡献也是巨大的。

比如，现任华为终端董事长、CEO 余承东，就是华为内生成长起来的高级干部。

1969 年出生于安徽霍邱的余承东，是在 1993 年从西北工业大学毕业后被华为招聘进来的，余承东后来又在清华大学念了在职研究生，现任华为董事会成员、常务董事。

余承东至今在华为工作了 30 年，这是他的第一份工作，估计也是他的最后一份工作。余承东在华为从见习生开始，历任 3G 产品总监、无线产品行销副总裁、无线产品线总裁、欧洲片区总裁、战略与 Marketing 总裁，一直到成为终端公司董事长。2018 年 3 月 23 日，华为完成董事会换届选举，余承东出任新一届董事会成员、常务董事。

从华为的长远发展来看，像余承东这样的干部当然越多越好，这就是任正非说内生成长永远是华为主要的干部路线的原因。

04 使部下成为英雄，自己成为领袖

一个企业既需要英雄，又需要领袖。

任正非所说的英雄，就是在各个岗位作出突出贡献的人，显然，这是针对基层员工说的，因为基层员工是公司员工的主体。如何激发这些员工的积极性和创造性？发现和树立工作成效突出的员工榜样就是方式之一。

华为希望公司内"英雄"倍出（这个倍是加倍，不是辈分），也就是说，华为内部"英雄"的数量是不受限制的，也没有统一的标准，只要在某个岗位、某个领域、某个阶段作了突出贡献，就是英雄。

华为公司创业初期条件非常艰苦，员工的工资很低，组织也不健全，有的干部工作十分繁重。秘书部就是工作任务非常繁重的部门之一。那时，华为的出版系统尚未健全，秘书部的几台复印机就成了公司的"印刷厂"。华为排山倒海的市场宣传，就靠秘书处的秘书们手工完成。当时，华为每年都要参加上百场次的展览会、推广会，秘书比主管还要忙，他们要在会前精心筹备，事无巨细，会后又要收拾活动现场，总结沟通。

当时，华为的市场部、中研部、中试部、生产总部以及企管部门，有几百名秘书，他们隐身营销、研发工作的背后，与堆积如山的文件和办公用具相伴，起早贪黑地忙碌，默默地奉献着他们的青春。

创业早期，华为公司重点抓产品开发和市场拓展，对这两方面的英雄尽管评价体系还不完善，总归有个评价，但秘书体系常被忽略，而且很难得到评价。

那时候，华为秘书部有一位秘书叫杨琳，她一直兢兢业业地工作、任劳任怨。有一年，在来自华为市场前线的汇报会上，杨琳代表100多名秘书发言，其中有一句话是"最无私的爱藏于最深的心底"。杨琳的这句话深深震撼了任正非，也给他留下深刻的印象。

此后不久，杨琳在海南遭遇车祸去世了。任正非很遗憾，专门写了一篇文章悼念杨琳。任正非说，"华为正是由无数的平凡人物的呼喊，创造了自己光辉的历史"，"华为的秘书系统至今还没有出一位英雄，我想杨琳应该算一名英雄了吧。她是华为的功臣，是一位真正的英雄"。

成为"英雄"不但是表现杰出工作能力的重要方式，也是职业成长的重要途径，甚至是基层员工晋升的唯一途径。一名普通员工只有在本职工作中有杰出表现、取得杰出成就，才能脱颖而出，为上级领导所重视，进而晋升。

华为要求干部必须有基层工作经验，那些被从基层提拔的干部，就是从基层的"英雄"中选拔出来的。

说完了英雄，我们再看看领袖。

任正非这里说的领袖不是一个狭隘的概念，而是华为的项目经理、科长、处长、办事处主任等，其实就是各级领导，而不是仅限于华为的高管，显然，与"英雄"相比，领袖是少数。

对于"领袖"，任正非有一个很清晰的要求，那就是，领袖不重视个人成就感，只注重组织目标的成就感。

在现实生活中，有很多领导很喜欢个人成就感，最典型的是在高校，某些教授带研究生，无论是硕士生还是博士生，学生写好的论文，一般要将导师的名字署上去，而且很多时候是署第一作者。这几年媒体也有一些相关报道，比如某些学生跟媒体爆料，说导师侵占他们的论文，等等。你看，这样的导师，个人成就感是不是太强了？

在某些公司、机构里，也有类似的领导。我一个朋友之前在国有企业工作，那家企业每年都要评选先进工作者等荣誉称号，那个企业的领导几乎年年获奖。

任正非要求，领袖不要有个人成就感，主要是希望各个部门的负责人将重心放到组织和驱动员工上，将荣誉更多地给员工，以更好地实现组织的目标。不跟员工争荣誉、成就员工、满足员工的荣誉感是领导者必备的素质。

华为有非常多的无名英雄，他们是华为未来成长的重要基础，华为要依靠他们团结奋斗，并充分发挥员工的个人能力。领导者的责任就是使自己的部下成为英雄，而自己成为领袖。

英雄也可以转化为领袖，也就是说，普通员工成为"英雄"后，就有可能成为"领袖"。但是，任正非指出，不能让英雄没有经过社会责任感的改造就进入公司高层，因为他们一进入高层，将很可能导致公司内部矛盾。

华为所讲的社会责任感是狭义的，是指对企业目标的实现有强烈的使命感和责任感，以实现公司目标为中心为导向，向周边提供更多更好的服务。

任正非让华为人思考——谁给毛主席发奖章？谁给邓小平发奖章？因为领袖没有个人成就感，只有社会责任感，不需要大奖励。

许多人有强烈的个人成就感，华为也支持。华为既要把社会责任感强的人培养成领袖，又要把个人成就感强的人培养成英雄。没有英雄，企业就没有活力、没有希望，所以华为既需要领袖，也需要英雄。

05
淘汰制是企业最基本的激励方式

2018年3月20日，任正非签发了一封总裁办电子邮件，就《华为公司人力资源管理纲要2.0总纲（公开讨论稿）》向全员公开征求修订意见。华为人力资源管理进入了一个崭新的时期。

该讨论稿的一个重要目的就是解决华为多年来积淀的问题，帮助组织重新焕发青春。在公开征求修订意见的有关讲话中，任正非提出，淘汰制是企业最基本的激励方式。

我们知道，激励有两种：一种是正向的，就是表扬和鼓励；一种是反向的，就是惩罚。淘汰制就是反向激励的一种方式。淘汰制是激发企业活力的重要方式之一。

很多时候，制约企业发展的往往不是人才不够好，而是拖后腿的人太多了！华为的末位淘汰制度覆盖所有岗位，从基层到高层，从市场部门到技术岗位，不论职位高低，不论工作类别，都要纳入考核范围，都有被淘汰的可能。但是，我们都知道，不同的岗位职能不同，在企业运作过程中承担的责任也不同，所以淘汰的方式不能一概而论。华为的淘汰制度是非常人性化的，下面就详细讲讲华为不同岗位的淘汰制。

我们先说管理体系中的淘汰制，也就是对主管级别人员的淘汰。任正非一直认为，企业一定要敢于淘汰一些高职级的主管。在华为，大多数员工受过高等教育，谁都可能当"将军"。因此，华为不允许有庸官，因为兵熊熊一个、将熊熊一窝。在主管类干部的管理机制上，华为强化了对责任结果的考核。华为的高级干部都要服从公司安排，不能自己设计人生；中基层干部可以发挥个人聪明才智，找到发展的突破口；行政岗位的主管干部升职快、待遇好，但是被淘汰的风险也大。

我们再来说说技术体系。

在技术体系，淘汰制度更加灵活。针对技术专家，华为实施的是循环成长制度，也就是通过不断考试、考核和绩效管理进行筛选，清除浑水摸鱼的"南郭先生"。对于考试不达标的技术人员，不一定要淘汰，可以去内部人才市场找工作，转换到其他岗位。这是一种转岗式的淘汰，而不是一下子就被迫离开公司。

在华为，当技术专家很光荣，待遇也很好，但循环淘汰的过程也很痛苦。很多人对华为的专家岗位是既羡慕嫉妒恨又担忧恐惧。看来牛人真不是那么容易做的啊！

讲完技术体系，我们再来讲讲基层员工。对于基层员工，华为实行的是问责制，最大的原则是员工的工资要与工作质量相匹配。这里特别值得说的一点是，对于新进公司的应届毕业生，任正非主张坚持两年的保护期，即两年内不淘汰，可以把优秀的提拔快一些。这就是给了新人两年的适应期，将来能否脱颖而出就看他们的实际贡献了。是不是很人性化？

除了以上三类工作，还有一类比较特别的岗位，就是重复性工作很多的职员类岗位。每个企业都难免有一些技术含量不是很高的重复性工作岗位，对于这类岗位的员工，一般不实施末位淘汰制度，只要他们能胜任工作、通过考核，就可以一直做下去。在任正非看来，这种事务性工作，是以胜任为留职基础的，没有必要强调年轻化。但是华为也要求这些岗位的员工每年都有进步，因此，华为会把岗位指标逐步提高，只要这类员工能跟得上就行。

讲完以上四类岗位的淘汰制度，我们来做个小结。

根据部门性质不同，华为每年淘汰率为5%~10%。比如，对于不敢淘汰和给不合格员工降级的负责人,进行末位淘汰,淘汰率每年10%。末位淘汰比例过高,也会导致组织的不稳定。

华为创建以来,人力资源体系一直在变革:在上层和中层,不断优化干部晋升制和淘汰制,推行专家循环制和淘汰制;在基层,则建立稳定的职员体系。

尽管华为一直强力推行末位淘汰制,但你看,华为的淘汰制度其实是对上(管理层)非常严格,对下面的基层员工、新入职的员工则是非常宽容的。这也体现了任正非经营理念里尊重人性的部分。

06 全员持股，与奋斗者共享成功

创办之初，华为就有一个非常明确的理念，那就是：让每一个奋斗者享受到公司发展的红利。这句话的意思是，华为是所有优秀华为人的华为，不是创始人一个人的，也不是少数几个创始团队成员的。

《华为基本法》第十七条规定：我们是用转化为资本这种形式，使劳动、知识以及企业家的管理和风险的累积、贡献得到体现和报偿……一方面，认同华为的模范员工，结成公司与员工的利益与命运共同体；另一方面，将不断地使最有责任心与才能的人进入公司的中坚层。

华为的这种制度安排，有点像吃"大锅饭"，那么，华为如何实现这种大锅饭呢？

华为创造性地使用了全员持股制。

现在，大家都觉得华为的全员持股制度很牛，大大激发了员工的工作积极性，而且在股权激励上开了先河，甚至有很多人认为全员持股制度是成就华为的核心要素。

其实，全员持股制度在最初并没有那么神圣，甚至是在被迫之下产生的。

华为创立于20世纪80年代，当时的中国还处于计划经济向市场经济转型阶段，民营企业的地位非常低。

作为草根创业公司，华为做的是2B的生意，需要很多的现金周转。我们知道，2B生意的一大特点就是支付周期比较长，短则数月，长则数年。但是，产品研发需要投入、设备生产需要资金、后期服务需要人员，这就需要很大一笔现金流。而此时的华为，创立没几年，没有什么家底，更没有太多积累，加上货款回收非常缓慢，导致资金非常紧张。

还有一个重要原因，就是当时的中国还没有很成熟的融资环境，募集资金的渠道非常单一，基本上只有银行这一条道。如果是现在，你可以找VC（风险投资）、找私募等，甚至可以发行企业债券，大不了去借短期贷款。

我们知道，当时的华为，为了吸引人才，给骨干员工，尤其是技术人员的薪水还是不低的。开支很大，资金回收很慢，又没有很好的融资渠道，华为当时真的很艰难。

其实，摆在华为面前的融资渠道也有一条——那就是去银行贷款。这是当时最成熟也是唯一的渠道。华为不是没有去找过，找了很多次，但由于当时只是名不见经传的民营企业，能不能撑过两年都没人知道，人家银行不给贷款！

不过，华为人很快就想出了一个办法——既然从外部借钱很难，那就从内部借吧。如何操作呢？华为在内部进行了动员，让大家将工资都贡献出来，解决公司的流动资金紧张问题，年底的时候根据员工投入的资金量进行分红。

这个时候华为为了吸纳资金可是下了血本——据说最高的时候，投进去10万元年底可以拿到三四万元的分红！这是什么概念？当时银行卖理财产品的年化收益率普遍是11%左右，也就是说，理论上你投10万元，年底给你1万元左右的分红，具体要看经营情况。华为那个时候的真实收益率达到了30%~40%！

谁不爱钱呢？于是华为员工纷纷投钱给公司。那个时候最普遍的现象是，大家月底发工资的时候，只领取基本的生活费，其他的钱根本不去领。

这个阶段，华为的员工有5000人左右，按照每人每年10万元计算，那就是 0.5 亿元的流动资金。这个时候，华为的年销售收入也才几个亿。这笔钱基本上可以满足华为流动资金的需求了。

这件事情如果放到现在，那肯定行不通。1994 年颁布的公司法明确规定，公司的股东不能超过 200 人。好家伙，你华为一下子吸纳了几千个股东，那是典型的非法集资啊！

但是，当时并没有这样的法律框框，所以，华为当时做了。

这样做的好处之一，就是大大激发了员工的工作热情。说实在话，并不是大家觉得"我出了钱，这个公司我有份，我要好好干"，更主要的是，"我如果不好好干，公司垮掉了，我那一大笔老本就没有了！"这种恐惧感才是激发大家玩命工作的主要原因。

无论如何，华为通过这样的方式渡过了资金紧缺的难关，又获得了发展的动力。

这种当时被迫为之的办法，后来被一些学者称赞为一种创新。这当然都是事后诸葛亮了，因为他们很难体会当时华为人焦灼的心理，那时的华为只是想着如何活下去，哪里会想什么激励制度的创新？

这种全员持股制度显然是一种大锅饭，但要吃这个大锅饭是有条件的，那就是那些认同华为的模范员工，就是为华为作出贡献的华为人才有资格吃。也就是说，并非所有华为人都有股份，根据你进公司的年限、贡献度等进行综合评价后，有资格的人才会获得不同比例的股份。

前面我们说了，1994 年公司法出台以后，华为的全员持股制度明显不符合法律的要求，于是华为对全员持股制度进行了一些修正。比如，成立了内部职工持股会，代表所有持股的员工持有华为公司的股份，这样就符合了公司法对股东数量的要求，员工相当于间接持股。

全员持股制度基本上符合法律法规的要求，但内部又出现了很多问题。

什么问题呢？

全员持股制度大大激发了员工的工作积极性。但多年以后，华为发现，这种激励作用在逐步减弱。因为华为的经营业绩一直很好，分红就很多，慢慢地，分红的收益大大超过了工资收入。人都是有惰性的。现在社会流行一种说法，叫"躺赚"，既然可以躺赚，谁还想跑着去挣钱呢？

那段时间，很多华为人真的是"躺赚"，工作应付一下就可以了，工资多少无所谓，反正年终有大把的分红。

这种情况显然与华为提倡的艰苦奋斗的精神不符，而且会严重影响其他人的斗志，使一部分员工产生心理上的不平衡。

那些来公司比较早的人，股票多、分红多，逐渐懈怠，沦落为食利阶层，就是靠分红生活的人。他们不再给公司创造价值，只是在消费公司。

我们可以想想，这些人不好好工作，还有大把分红，而那些来公司比较晚的人，工作勤勤恳恳，总体收入却不多，心理当然不平衡了。就像现在很多城中村的村民，拆迁后分了好几套房子，还有一大笔现金，之后就算什么都不做，每月收租就可以生活得很好。那些居无定所的人看着他们如此舒服，肯定会嫉妒啊。

在原来的全员持股机制度下，分红所得在华为人收入中的比重越来越大，工资收入比重越来越小，导致一些华为人可以不用努力工作就获得很高的收入，这在一定程度上造成了某些华为人的惰性。此外，由于华为员工数量迅速膨胀，后来的员工股票很少，甚至没有股票，导致分配不公，影响工作积极性。华为需要将某些人清理出去，空出位置给有能力的新员工，所以开始调整内部持股制度。

怎么调整的呢？

第一，你持有的股份不再是一成不变的，而是动态的。你对公司贡献大，持股比例可以增加，否则就要下降。

第二，分红的计算系数也不是固定的，这个系数与你当年的总体工资收入挂钩，你工资收入越高，说明你对公司的贡献越大，你的分红系数越高，分红收入越多。

第三，你辞职了、离开公司了，股份就要收回，重新分配，让新来的有贡献的员工获得。当然，如果你是从华为荣誉退休的，可以保留部分股份，一直享受分红。

华为的全员持股制度随着华为的发展不断演变。

到今天，华为的19万员工里，有近10万人有华为的内部股票，这种制度已经没有了融资功能，变成了纯粹的激励。

07 精英不仅是金字塔塔尖的一部分

从传统意义上说，所谓精英，是指受教育程度高、收入高、社会阶层高的"三高"人群，他们只是少数派。但任正非对此有不同的看法。在与华为管理层谈话时，任正非说："我们不要把精英理解为仅仅是金字塔塔尖的一部分，而是存在于每个阶层、每个类别，有工作的地方，就有精英。做面条有面条精英，还有焊接精英、咖啡精英、支付精英、签证精英、仓库精英……我们的政策要激励所有精英，形成组织合力，千军万马搞好质量，提高效率，增加效益。"

显然，任正非所说的精英是一个相对的概念，凡是在本职岗位上掌握核心技能、作出突出贡献的人，都是本岗位上的精英。

有一年，华为财经支付团队查到179笔银行搞错的账，帮华为公司追回了3.76亿美元。从事这项业务的华为人都是非常普通、非常平凡的财经岗位的工作人员。这件事情让任正非很震动。他多次提到此事，并对华为人说，华为的普通职员也可以做到非常优秀。

很多普通职员类似于给高铁搬"道岔"的普通工人。这个岗位显然没有高铁驾驶员那么风光，看起来也没有那么"重要"，但其实，这个岗位不容忽视。

华为生产线上的操作员被归类为作业类员工。在华为看来，作业类和职员类岗位有一些区别，前者是劳动贡献，后者是杠杆贡献。作业类岗位犯错误的影响小，出一个零部件错误，只报废一个零部件；职员类岗位犯错误的影响可能被杠杆放大。

对于职员类岗位，华为以胜任为留职基础。

第一，职员类岗位的员工原则上不跨地区流动、不跨业务流动。也就是说，不是特殊人才，不必要流动，华为要建立一个稳定的专业人才基地。让不需要流动的人流动，就会产生较高的成本。比如，行政部门某个员工对当地的劳动法规很熟悉，与当地的各个部门关系都很好，你让他换到一个新的岗位上去，就是对他之前积累的大量本地资源的浪费。

第二，少量的特殊人才可以流动、鼓励流动，具体包括横向流动和纵向流动。横向流动就是跨领域流动，这类人员将来可能当领袖。华为的很多高管，今年在研发部门，明年可能去了市场部门，后年又去了国外某个市场。这种流动一般意味着公司在对其进行重点培养。纵向流动是在技术上不断夯实。专家的流动性很强，多数是纵向流动，就是让专家深刻了解某个技术领域，全面掌握这个领域的技术演进。

第三，在任正非看来，职员类岗位只要胜任工作，通过考核，就可以接着干，以胜任为留职基础，没有必要强调年轻化。但这些岗位也要求每年都有进步，会把岗位指标逐步提高，员工只要跟得上就行。

第四，职员类和作业类员工以是否胜任工作为淘汰标准，不存在强制比例的末位淘汰。如果已经胜任工作，又何必去换一个人呢，更何况，换的人可能还不如他。公司对管理者有末位淘汰，目的是把压力传递给他们。

在很多企业，领导主要关注核心部门的核心人员，比如研发、市场等部门，这些部门的干将非常风光，经常会获得很高的荣誉和较多的物质奖励。而一些后勤部门，包括行政、售后等支持部门，往往会被忽略，甚至会被认为他们辛苦一些是应该的。

我原来在一家机构工作，他们每年都要举行几次大型团建活动，包括年会，行政等后勤部门每次都会非常用心地策划、准备，活动当天倾巢而出，参与到各个服务环节，他们要保障活动的顺利进行，经常忙得饭都顾不上吃。年会颁奖的时候，行政部门的人员很少获奖。这些奖励集中在业务、产品、研发部门，给这些部门设置的奖励名额多、名目繁多，因为他们能够带来直接效益；行政工作非常琐碎，很多时候难以评估，属于间接性贡献，这导致很多人对行政服务部门有一定的偏见，以为他们就是在办公室喝咖啡、做统计，甚至还有很多业务部门的同事觉得，行政人员简直就是"蛀虫"，因为他们不产生效益，纯粹是在消耗公司的利润。正是因为很多业务部门，包括老总，对行政服务部门有很多偏见，导致行政部门的晋升速度比较慢，总体待遇偏低。这也导致个别行政部门的人员有点自卑感，一些好胜心理强的人往往不愿意待在行政部门，久而久之，行政部门就真的成了能力不强的群体养老的地方了。

其实，仔细想想，行政服务部门是整个机构正常运行的重要保障，他们要处理员工的招聘、培训，社保等各种福利对接，还有各种接待，活动的策划、执行等，杂事很多，可谓事无巨细。行政部门的确不直接产生经济效益，但如果没有他们的支持，整个团队也不会没有后顾之忧地高效运转。

行政服务部门的有些工作，看似非常简单，其实要想真正做好，还是需要非常专业的技能以及高度负责的态度的。

按照任正非的观点，任何部门、任何岗位都可以产生精英。所以，企业应该逐步调整行政服务部门的奖励和晋升政策，让这些部门的员工也有更多成长的机会。

08 干部必须来自基层

曾经被加拿大拘禁的华为首席财务官孟晚舟女士,受到了社会各界的关注。大家知道孟晚舟刚进华为的时候是什么岗位吗?

有些人觉得,身为华为创始人任正非的长女,孟晚舟到华为后一定会有一个比较高的起点。

我要告诉大家,孟晚舟到华为的第一份工作是前台接待员。对,你没有听错,就是普通的前台接待,而且一干就是两年!

当时,孟晚舟的学历不是很高,更不是学计算机出身,在华为做前台接待还是胜任的。

孟晚舟待人随和,毫无老板女儿的架子。更重要的是,孟晚舟非常勤奋,一边工作,一边读书,最后拿到了天津南开大学的博士学位。后来,孟晚舟成为华为香港公司的财务总监,一直到今天的职位。

华为绝大部分领导,都像孟晚舟这样,有基层工作经验。

干部有基层工作经验有很多好处:第一,就是对工作非常了解,不是一知半解,而是亲历过的深刻理解,这样能够更好地与员工沟通,有助于工作的顺利开展。

第二,就是有了一定的实践经验,尤其是成功的实践经验,对于理论知识的认识会更加深刻，这样在指导实践时才能更加高效。在任正非看来，没有实践的支持，不能理解理论；没有理论基础，也不可能更好地去实践。

华为公司的产品和服务越来越复杂，比如，华为要攻占大数据流量传输的制高点——5G，作为一个华为的干部，你能给客户讲清楚大数据流量及其模型是什么吗？你能简单地把5G给客户说明白吗？如果没有一线和基层的工作经验，对业务和产品不熟悉，对客户的需求把握不准确，就很难讲清楚上述问题。

第三，有基层工作经验，一步一步干起来的领导，才会让员工信服，树立领导权威。

任正非强调干部要有基层工作经验，是因为他发现，华为的人力资源管理中出现了一些问题，其中一个就是待在深圳总部基地的行政干部，有时候晋升速度很快，而在前线拼杀的销售类员工和在公司内默默无闻的技术类员工晋升速度太慢。行政人员很容易将自己的成绩通过多种方式凸显出来，又经常在领导身边，容易取得领导的信任。

这显然是一个危险信号——如果继续下去，华为就会形成一种拉关系走后门的工作氛围，那些真正辛辛苦苦工作的员工晋升机会会越来越少。

还有一种情况，华为的机关干部到一线后，经常不自觉地以"总部来的"自居，有一种天然的优越感，一定程度上干预了基层的正常工作，也经常让基层员工有一种莫名的自卑感。长此以往，很多人都不愿意到基层去。

基于以上种种，任正非提出，华为要进行人力资源改革，干部要有基层工作经验，否则就无法持续晋升。这样就把一些想通过关系大幅度越级晋升人的路给堵住了。

2017年，华为为人力资源改革进行思想动员，组织华为众多领导、骨干员工收看中国人民解放军少将金一南将军的三个讲座视频。金一南在这些视频中清晰地解析了美国军队的改革。

美国军队的改革既有哲学，又有方法论。任正非要求华为应该通过这三个视频，认真学习美军改革，学习美军的价值评价体系和组织建设体系。

华为的人力资源体系一直在调整，但缺乏参照系。此次学习金一南将军的讲座，任正非发现，原来华为的人力资源改革与美军改革的方向是相近的。

华为开始学习美军的价值评价体系，在提拔干部之前，首先看是否"上过战场、开过枪、受过伤"，这种资格审查是华为任职资格的第一个台阶。在华为的机关和发达地区的人员，机会更多，这让他们的能力有更多表现的机会，从而使人感觉他们的能力更强；而在那些市场开拓艰难、开发周期漫长的艰苦地区的员工，大多需要三五年，甚至七八年的时间才能出成绩，也会让人觉得这些地区的员工在能力上比较弱。

如果机械地对所谓的结果进行评价，显然是不公平的。所以，华为必须将"上过战场、开过枪、受过伤"的资格作为重要标准，否则大家都不愿意上战场了。

资格审查通过后，再比能力。如果能力强的人没能通过资格审查，提拔就会比较慢。

华为有一个理念——真正的英雄，都是从本职工作中成长起来的。任正非要求，未来，华为机关各级干部如果没有成功的项目实践经验，就没有资格担任管理者；否则，一定是瞎指挥。自己都搞不明白，开会得不出结论，没有实践经验，就会造成管理体系的复杂。任正非要求华为的机关干部都去补课，一定要在实战中提高自己的管理能力。

实际上，在华为发展历史上，对于干部的提拔和任用，也基本上是按照这个原则来的。

除了上面说的孟晚舟之外，华为当前的几位得力干将，比如执掌华为终端的余承东、华为副总裁徐直军等，都是从基层的技术员、一线销售一步步成长起来的，他们在基层的工作经验非常丰富。

当然了，火线提拔一些缺乏基层工作经验的人，有时候也是需要的，但正常情况下，干部必须有基层工作经验。

09 将员工的贡献进行细分

所谓贡献，就是给公司带来了经济回报，或者其他能促进公司成长的因素。

华为针对员工的评价体系，都是以商业结果为导向的。任正非认为，认知方面的能力等不能作为要素确定员工的命运，就如茶壶中的饺子，倒不出来，不产生贡献，就不能得到承认；倒不出饺子，还占着一个茶壶，就是高成本。员工一定要通过奋斗，形成结果，才能作为评价的参考要素。因此，学历、认知能力、工龄、工作中的假动作、内部公关等，都不能作为薪酬的评价依据。

在华为，涨不涨工资要看你是否为公司创造利润，而不是看你的学术论文有多好。因为华为公司对人的评价是现实的，不在于你的理想有多大，而在于你的实际贡献，在于你是否有艰苦奋斗的精神和贡献的潜力。

一句话，华为只认结果，不听解释，做不出成绩，任何理由都是苍白无力的。

贡献有潜在的，显现的；有短期的，长期的；有默默无闻的，甚至被人误解的。

华为将员工对公司的贡献细分为现实的经济贡献和对未来的战略贡

献。所谓现实的经济贡献，就是当下对公司经营的直接贡献。比如，在成熟和稳定的市场，你所在的业务单位、业务单元给公司创造的利润有多少。这是很容易计算和衡量的。这种贡献可以按照多劳多得的原则，以各种奖金的形式进行分配，如年度奖金、特殊贡献奖金等。

但是，除了现实的经济贡献，还有很多人的贡献不一定体现在现实的经济效益上。比如研发人员的贡献、管理人员的贡献、行政后勤人员的贡献等，他们对公司的经营没有直接贡献，但他们也是公司经营中不可或缺的一个环节。对于这种非直接的经济贡献，华为也可以进行比较科学合理的评价，从而给予相应的奖励。

除了上面两种情况，还有一些情况比较特殊。有些市场比较复杂，在一两年甚至更长时间都没有产生经济效益，但在那里的员工其实做了很多很多工作，这些工作可能要在若干年后才能见到回报。比如俄罗斯市场，华为在当地坚守了四五年才开始有规模收益。对于这种贡献，很难用传统意义上的贡献标准衡量。如果不能正确地评价和衡量，对这些员工来说显然是不公平的。

做中长期研发的人员，他们的研发成果在若干年后才能产生经济效益；还有一些做基础研究的人员，他们的研究可能最终也没有产生什么经济效益。对于这类研发人员的贡献，华为也要给予适当的评价和奖励。

在华为，没有经济效益或者当期没有经济效益，以及暂时无法评价经济效益的业务场景，比如新的业务、新区域或者中后台部门等等，在适当的经济奖励之外，还会用其他方式进行激励。

在华为，奖金基本上对应的是短期贡献；股票、期权等对应的是远期贡献。对于作出一般贡献的人，一般给予经济奖励；对于作出战略贡献的人，则会给予职位提升的奖励。

所谓战略贡献，就是对公司长远发展有帮助的贡献，比如人才培养、团队塑造、战略市场的开拓等，这种贡献在短期内无法显现，但从长远来看，对公司的发展具有非常重要的意义。

任正非曾说，华为一定要坚持从战略贡献中选拔各级优秀干部。干部获得提拔的充分必要条件：一要能使所在部门盈利；二要有战略贡献。如果你不能使这个代表处产生盈利，我们就对你末位淘汰；如果你有盈利，但没有作出战略贡献，我们也不会提拔你。华为选拔干部，要使之走向更有利于公司发展的方向。

在任正非看来，企业不是要大，也不是要强，更非短时间的强，而是要有持续活下去的能力与适应力。因此，一个企业最重要、最核心的就是长远地、持续地实现人均效益增长。人均效益增长不仅是当前财务指标的人均贡献率，也包含人均潜力的增长。

华为公司对于整个研发流程的考核，一是考潜力的增长，二是考对公司的贡献。潜力的增长是对未来的贡献，现在的贡献就是收益。华为对研发团队的考核必须兼顾这两方面，做到均衡发展。

任正非对员工的贡献进行细分，更加明确了员工贡献对公司成长的作用，搞清楚了这种作用是当下的还是长远的，是一时的还是持续的，就为分配和奖励提供了更为科学合理的依据。

很多公司经营中对员工的贡献没有进行上述细致区分，从而在一定程度上导致对贡献评价的模糊、不公平，进而影响员工的积极性，从长期来看，会导致公司竞争力的衰退。

10 机会均等，能力比资历重要

机会是公司给你成长和展示自己才能的机遇。

机会在短期内不一定是均等的，比如晋升，在同等条件下，也许你没有那个不如你的人晋升得快。这在日常工作生活中很常见，因为任何评价体系都不能做到绝对公平，或者说，你的能力并没有充分展示出来。有时候，会有"运气"的成分在里面。

但从长期来看，有能力的人最终都可以脱颖而出，长期坚持艰苦奋斗的人，一定可以得到合理的回报。

任正非曾对华为的新员工们说：在努力者面前，机会总是均等的。只要你努力，你的主管会了解你的。其实，一个人的命运就掌握在自己手上。生活的评价，是会有误差的，但决不至于黑白颠倒、差之千里。他要求华为人要承受得起做好事反受委屈，要提高抗压能力。

其实，我们身边有很多这样的人。

比如，任正非自己，在刚进部队的那些年，他工作非常努力，刻苦钻研技术，先后在多项技术上取得了突破性进展。本来取得这样的成绩完全可以得到奖励、晋升，但由于"出身"不好，政治审查通不过，导致荣誉一直与他无关，他也无法被提干。直到任正非的父辈被平反昭雪，任正非的成绩才被承认，各种荣誉才纷至沓来，"机会"才开始眷顾这个经历了很多挫折的人。

显然，任正非当年受了很多委屈，但他没有消极沉沦，而是持续努力成长，最终迎来了机会女神的青睐。

华为每年都会招募很多新人，很多刚毕业的大学生进入华为之后，对华为的期望是很高的，也很有自信，对现实生活也充满了美好的想象。但是，由于考评体系不完善、各种流程制度的缺陷，某些优秀的新人暂时无法得到很好的成长机会。很多心理素质不是很好的新员工就开始怨天尤人、自暴自弃，导致机会真的一直不来眷顾；而那些经得起生活磨砺、持续拼搏奋斗的人，机会终会向他们招手。

资历代表的是学历、工作年限等。

一般来说，工作年限长、资历深的员工，其经验更加丰富，工作能力更强。在很多靠经验工作的岗位，比如中医，一般来说，工作年限越长、资历越老越吃香，越容易获得客户（病人）的信任，待遇也越好。因为中医更讲究经验的积累，而且这种望闻问切的经验又很难完整地传授出去，必须靠医生自己在临床一线慢慢体会、不断摸索。

我有几个校友是学医的，在他们医院，主任医生基本上有20年临床经验，一般情况下，到医院才三五年的人是很难当上主任的。而在一些对创新要求很高的行业，比如华为所在的通信与信息技术行业，技术的演变日新月异，不断创新是企业生存的重要法则。

在这些公司，技术开发岗位的员工，就不一定靠资历取胜了。比如，华为对技术研发岗位考评的重要指标是客户要求的技术功能是否顺利实现，而且是否低成本地高效实现了；技术上的创新，考察的是创新的有效性，创新对成本节约、效率提升的贡献度等。这些方面有对经验的依赖，但更多是对创新能力的要求。正因为如此，有很多想象力丰富、有创新能力的年轻技术工程师会在技术开发上取得突破。这些在技术上取得进步的员工，或许学历并不是很高，工作年限也并不长。

我认识很多华为人，其中有好几个是年纪轻轻就做了部门主管、年薪过百万的人，他们有的学历比较高，但有的很一般，是后来自学提升为本科学历的。可见，华为不唯学历、更不唯资历论，而是看最终的贡献。

在华为，专家也必须从工人做起，这个观念已经深入人心。进入公司一周以后，无论你是博士，还是硕士、学士，在华为的地位、获得的经济回报等都要靠你给公司作出的贡献确定。总之，一切凭实际才干重新定位。从这个意义上说，进入华为以后，所有人的起点是一样的，机会也是均等的，能否抓住机会，就要看奋斗程度以及取得的成绩了。

华为早期有一个技术高管叫郑宝用，他在华为危难之时，放弃清华大学的博士学位，应任正非之邀加入华为。那个时候的华为创办才几年，对人才需求非常大，部门也不健全，服务跟不上。郑宝用到华为后，一头扎进了产品研发，吃住都在公司，那可真的是以公司为家。历经几年的技术攻关，华为终于研发出了 C&C08 交换机等系列产品，为迈上百亿元规模的销售额奠定了基础。你看，郑宝用没有讲究什么条件，更没有摆架子，而是在技术开发一线，与普通技术人员、工人一起进行技术攻关。如果他作不出成就，那么，他也就是华为一名普通的技术人员，但他作出了巨大贡献，所以 30 来岁就成了华为技术研发的负责人，后来又成了华为的副总裁。

有时候，过去的成绩和荣誉会成为我们前行的枷锁，华为让你扔掉这些枷锁，从头再来。

很多公司喜欢招募学历高、资历丰富的人，一是能装点门面，二是能降低用人风险。对于严重依赖个人经验的岗位来说，这当然是很好的选择，但对于创新性岗位就不一定了。所以，招募人才要综合考虑。此外，虽然很多人说华为的工资待遇很高，但进入华为并不意味着一定就有高待遇，因为公司是以贡献定报酬、凭责任定待遇的。如果你在公司不能作出贡献，那么你的待遇就一定不高，所谓高工资、高收入，是针对贡献者来说的。

11 企业大学是企业培训的好形式

我曾带领一些企业家到华为大学参观访问。华为大学位于深圳龙岗区，从市区开车走梅观高速公路 30 多分钟就到了。华为大学是华为深圳坂田基地的一部分，位于华为基地的 J 区，一边是冲之大道，一边是居里大道，正对的是稼先路。华为大学的环境非常优雅，绿化率很高，建筑物不高。这也是华为坂田基地的特点，华为研发大厦最高最显眼，其他建筑物只有四五层。

华为大学没有围墙，与办公区是连通的，走到入口处会感觉很像一个高档酒店或者图书馆，大堂宽敞明亮，采用了大量玻璃作为建筑材料。

华为大学是 2005 年挂牌成立的，是华为打造学习型组织的一个重要举措。任正非一直把华为大学当作华为的西点军校、黄埔军校或者是抗大。华为大学的主要职责是向员工和管理者赋能、萃取华为的组织经验、管理公司的知识资产。

"将军的摇篮"

2006 年 11 月 20 日，任正非在华为大学和党委领导座谈会上提出，要把华为大学是培养华为"将军的摇篮"这句口号公开喊出来,这无疑会给教学极大压力,给学生极大压力,但这样才能达到目标。

2005年,华为的海外销售历史性地第一次超过中国市场的销售,中国区被"降格"为全球九大区中的一个区,至此,华为没有国内国外之分,这在结构上与思科、阿尔卡特等公司没有区别。华为的海外员工达到1万人,成为拥有海外员工最多的中国企业。

2005年,华为销售收入达到482.72亿元,为中兴通讯收入216亿元的2.23倍。华为与沃达丰签署全球采购框架协议,正式成为沃达丰全球供应链的优先通信设备供应商;赢得了泰国CAT建设全国性CDMA2000的3G网络,价值1.8亿美元;还成为英国电信(BT)首选的21世纪网络供应商,为英国电信21世纪网络提供多业务网络接入部件和传输设备;获得了在中国生产和销售手机的许可。

2005年之后,华为在国际市场狂飙突进、发展迅猛,对人才尤其是管理层的需求急剧上升。

当时,华为最大的困难是缺少带兵的人,缺少优秀的拥有成功实践经验的干部。

项目越来越大,执行越来越困难。任正非预测,几年后,华为的销售额可能超过100亿美元,从质变到量变,再从量变到质变,华为将面临很多难题。华为对大项目执行端到端的及时、准确、高质、高效的交付,也确实碰到了问题。这期间,华为在巴西、埃及的项目都出了问题。任正非总结,这是因为华为在合格干部方面的准备还不足。

后继干部能否跟得上公司的高速发展,已经成了华为成败的关键。华为要加快各级项目经理级的干部考核、培养,让他们在实践中通过项目的管理完成遴选。

让这些人在学习与实践中,逐步成长为管理骨干。这是华为大学在这个时期负有的历史使命。而这样成长起来的骨干,被任正非称为"将军"。

这一时期,华为大学的主要任务就是进行管理技能培训,以解决实际问题为目的。华为大学的讲师必须是有实践经验的人,没有实践经验的教官不能讲课,只能做组织工作。

华为大学所有的教学案例都来自华为和社会的真实案例。这些案例虽然不能成为很好的培训教材，但至少是真实的，具有较强的指导性。在任正非看来，关起门来编的案例，都是想当然的，打起仗来决不会用。可见，华为大学的课程不盲目正规化。

华为大学的培训课程，不是从任何西方课本中照抄的，而是来源于华为的实践，秉承活学活用、急用先学的原则，将系统全面的教育与解决现实问题结合。

这一时期，华为大学的主要目标是培养"将军"，也就是各级管理者，尤其是高层管理者。

培训是一种选拔手段

华为大学早期聘请了很多外部的专职老师，后来转变为以某个业务领域非常有经验的专家和管理者为主，大部分是华为内部的兼职讲师，因为他们真正了解华为的业务现状。这些人向学员传授，肯定是讲得最清楚、最接地气的，能够综合考虑业务现状和管理现状。

在华为大学的课堂上，几乎看不到传统的灌输式教学，都是案例教学，就是仗怎么打、兵怎么练。经过若干年的探索，这种教学在整个公司得到了非常好的验证。

在任正非看来，对一个企业来说，最大的浪费其实是知识和经验的浪费，因此华为成立了案例库，并且鼓励和号召公司的专家和管理者往案例库投稿。这些案例，一方面会应用到业务部门的总结复盘中，另一方面能应用到教学中。

经过培养的人才，会输送到业务前线。培养到底有没有效果，一定要在实践中检验。华为大学可以向一线推荐学员和人才，其具体功能体现在两方面：一是帮助一线冲锋陷阵攻山头；二是对学习内容进行检验。

此外，除了在薪酬和福利上向艰苦地区倾斜，人才培养培训的一些资源，华为也向艰苦地区有所倾斜。

在华为内部，培训是一种稀缺资源，从来不是福利，确切地说，培训是一种选拔的手段。如果一个员工或一个管理者能够进入华为大学的人才培养项目，这本身就代表着公司和业务部门对这个人的认可。

广泛运用网络教学

一些层级比较低的职位，如项目经理级、连排级的培训，由于培训系统相对成熟，被放到了前线，也就是华为的实战项目上。其他培训主要通过网络教学开展。

华为在很多区域，比如阿富汗，一年只招一个新员工。但这一个新员工也是要培训的。如果到中国来学习，成本显然很高。因此，华为早就开始了在线学习模式。华为的在线学习有两种：一种是按照网上的课件自学，时间和进度自己掌握；一种是即时学习，就是在特定的时间，老师在虚拟教室讲课，学生与老师可以随时互动。通过多种技术手段，一个虚拟教室可同时供几十乃至上百名位于不同国家和地区、不同语言的新员工学习。

华为大学的网课有 2 万多门，总体学习时长的 60% 依靠网络完成。一些基础的理论性的内容放在 e-Learning 平台上，大家先通过该平台自学，再在课堂上进行反转教学、案例教学。

当然，网络学习始终无法全面取代面授。因此，每年还会有大量优秀员工到华为大学进行线下学习。

华为大学自负盈亏

华为大学是自负盈亏的，也就是说，与很多企业大学不同，华为不给华为大学任何"补贴"。任正非对华为大学的要求是，不以盈利为目的，但必须能够自己养活自己。为此，华为大学的所有培训都是收费的，但这个学费又不是华为公司出的，而是接受培训的人自己支付。这就在很大程度上保证了课程的优质、实用，这也是华为贯彻"以客户为中心"理念的重要体现——你去华为大学学习，都是出于工作需要，以解决工作中的问题、提升能力为目的，而绝非像某些培训机构、EMBA那样，只是去混圈子、镀金。这就要求华为大学的所有课程设置必须从用户（学员）的真实需求出发，要有足够的吸引力。

华为有一个非常知名的高管读书班。这个读书班收费非常高，而且是向个人收费的。如果你要参与，要自己交学费，还要因为请假被扣工资。华为就是通过这样一种方式，向参加培训的学员传达一种理念——每个人要为自己的成长负责。这就是华为大学收费的逻辑。

12 战略预备队为组织赋能

华为 2016 年组建战略预备队，这是华为实施干部人才战略的首要工程。干部预备队实施以来，为华为培养了一大批骨干人才，也在很大程度上保证了公司从依赖人员规模扩张到依靠队伍能力、素质提升的转变。

战略预备队是军事术语，指战略层面的后备力量。在进攻时，一旦前线兵力削弱，就可以投入这支预备队，加强攻势，应对突发情况。任正非说：目前华为处在历史转折时期，战略预备队应围绕公司业务战略，聚焦能力、机会的探索和突破，选拔有使命感的高潜质人才参加训战，发展业务能力，培养并输出优秀的干部、专家和职员。要聚焦战略能力的探索和突破，目的是攻下"上甘岭"。

战略预备队的目标是培养优秀的干部、专家和职员，即培养能攻下"上甘岭"的人。

华为是怎样组建战略预备队的呢？

第一，战略预备队实行选拔制，机会提供给责任结果好、有使命感的高潜质人才。入队的充分必要条件是责任结果导向，达到岗位模型的认知标准，责任结果好。每位员工都可以参加网上考试，如果责任结果没达标，战略预备队不给予评分。

第二，华为让业务部门推荐员工来受训，让大家自愿报名。华为的干部培养不能盲目地说培训了多少人、点击量有多少。华为有些业务部门将不愿意裁掉的落后人员塞给战略预备队，预备队又贪图数量，从而导致培养了一大批却送不出去。对此，任正非坚决反对。

第三，入队需要担保，主官承担识别、推荐优秀人员入队的责任。如果训战不合格，学员被退回去，担保人要承担责任。

第四，预备队学员不以奖金奖励为主，最重要的是提供机会。机会比短期利益重要。在任正非看来，升官的机会应该留给有使命感、想奋斗的人。

第五，华为战略预备队要为学员走上战场赋能。战略预备队的培养不能脱离现实，要强调实战。华为培养干部和专家，不是为了培养而培养，而是为了"上战场""多产粮食"。战略预备队不是做基础知识的全面灌输，而是发现并强化"独门绝技"。选好学员以后，战略预备队要有目标地进行培养。在华为看来，全方位的能力提升是个人的责任。员工要利用业余时间自学应知应会的基础知识，并通过网上考试、面试或视频面试，获得入队资格。战略预备队不需要全面发展，而是要成为一支突击队，抓住可能做成的事去努力，先突出一个可能再说。战略预备队通过案例、方法和讨论的赋能，激发学员潜力，让他们走上战场，再总结提高，形成真正的实战能力。

第六，在预备机制中培养能力。战略预备队学员选拔必须以责任结果为导向，员工在岗位上先作出贡献，才有资格进行能力转换，能力是个人在自学过程中完成的；然后通过战略预备队几个环节的考核，合格者来受训，再进入预备机制；对于通过认证的学员，战略预备队进行新方法赋能，让学员带着基层的模式、新的管理方式、新的产品解决方案、新的作战装备上战场。

第七，战略预备队的评价，不是学员在战略预备队镀过金，就算作战略预备队的成绩，也不是互联网追求点击率的评价体系。战略预备队要从实战出发，用新的作战方法给学员赋能，学员在实战中运用这个方法并作出了贡献，才是战略预备队的成绩。任正非呼吁，华为要从难、从严、铁面无私地培养优秀干部。

第八，华为的战略预备队和内部人才市场有重大区别。战略预备队是选拔高潜质人才参训，业务部门应针对自己的高潜质岗位，有意识地定向培养，要将业务部门和战略预备队的训战、需求打通。而内部人才市场是开放了一些岗位和任职资格表，给不适合或不胜任当前岗位的员工一个缓冲的机会，只要通过了新岗位的考试和面试，他们就能重新找到适合自己的岗位。

第九，战略预备队要形成不同阶梯进入各个岗位，只要能力提升了，都是成绩，不一定非要爬到"喜马拉雅山顶"。虽然目标是爬"喜马拉雅山"，但不一定人人都能爬到山顶。爬到山麓去种地、放牧了，走到半山腰去打猎了，只要有价值贡献，都是英雄。"喜马拉雅山"这个坡是分阶梯的，每个阶梯要有过滤、选拔，华为就是要让聪明人不断地去爬阶，爬不上去也可以有满足感，最终爬到哪里取决于队员的意愿和能力。

2016年，华为研发集结了2000名高级干部及专家，进入战略预备队接受赋能转型，主要目的有两个：一是为了让研发队伍年轻化，让研发持续有新生力量、新鲜血液，以激发组织的活力；二是为了培养一批具有战略洞察力的高级人才。

13 / 专家可以享受最高待遇

2019 年 3 月，任正非在俄罗斯与华为在当地的科学家及专家对话的时候说，华为要提高俄罗斯大学教授、科学家来讲座的待遇，吸引他们蜂拥而来。

实际上，华为给专家的待遇并不低。

华为是以技术立企的公司，对技术专家，包括管理专家等都非常尊重，给予的待遇也非常好。

这些待遇包括工资、奖金、荣誉以及各种优惠、优先权。还有一个最为专家看重的待遇，就是配置的各种与研究有关的资源是否到位，比如研究经费、实验器材等是否满足需要、是不是最先进的。

华为最高级别的技术专家被称为"Fellow"，相当于华为的院士。这些 Fellow 不但年薪百万，而且会为他们量身定做实验室，要人给人，要设备给设备，要经费给经费；总之，只要是研究需要的，都给配齐，基本不设上限。

很多技术专家到华为之后觉得一下海阔天空了，因为在原来的高校或者科研院所，待遇一般，科研经费、实验设施也并不是想要多少就有多少，而是要经过复杂的申请和审批。

米诺原来是德国西门子公司的一名技术工程师，后来被招聘到华为微波产品的重要技术开发岗位，成为华为的一名微波技术专家。当时，华为正在构建自己的微波研发能力中心，最关键的就是要拥有充满竞争力的人才。意大利米兰是全球知名的微波之乡，诸多知名公司如西门子、阿朗、爱立信在米兰都设有微波研发和销售机构，还有米兰理工大学等大学开设专业进行微波人才的培养，人才资源丰富，微波产学研生态系统完整。于是，华为在米兰设立了微波研究所。米诺后来经常跟别人说，华为在他自己的家门口给他设立了一个研究所。当然，在研发经费、人员配置、设备采购方面，华为也给予了充分的支持。微波研究所不负众望，研发出系列非常有竞争力的产品。

2018年，华为一度减缓社会招聘，但对于"19级以上的关键稀缺人才"继续大力招聘，没有什么限制。这些关键稀缺人才领域包括：IT、公有云服务、人工智能、视频监控、互联网生态与运营等。

2005年前后，为了建立华为的医疗专家资源库，任正非提出，给华为健康指导中心某位退休返聘的老专家的补贴从当时的3000多元一下提高到8000元。当时华为内部一片反对之声，大家都认为太高了。但最后，华为还是按照8000元的标准给了那位专家。

1994年，任正非请了人民大学的几位教授，协助华为制定《华为基本法》。任正非问那几个教授需要多少钱，几个教授都羞于谈钱，于是默不作声。任正非很直爽地说，你们直接说个数字，没有关系。一个教授本来想说5万是否可以，因为他们之前给一家公司做项目，花了几个月时间，才拿到了5万块钱。这时，任正非说，给你们100万够不够？不够再说。教授们惊呆了，这次是真的都说不出话了，大家都被镇住了。

在华为，专家们可以享受很多特殊待遇，甚至是最高待遇。比如，华为出差一般5个小时航程以上才可以申请乘坐公务舱，但专家不受此限制。在食宿方面，一般干部、主管也必须按照规定的范围执行，但专家们可以享受最高待遇，不受级别的限制。

任正非就是这样，对知识充分尊重，给劳动充分的高价。华为能有今天，这是很重要的因素。

当然，成为华为的专家也并非可以一劳永逸。任正非一直强调，要加强专家的循环成长，"全科医生"和"专科医生"一定要循环起来，并且通过不断考试、考核和绩效管理来进行筛选，消灭"南郭先生"。对于考试不达标的专家，不一定要淘汰，可以去内部人才市场找工作，转到其他岗位。在华为成为专家的确很光荣，但一旦进入循环淘汰，那个过程也很痛苦。

目前，华为至少有 700 名数学家、800 多名物理学家、120 多名化学家、6000~7000 名基础研究的专家、6 万多名各类高级工程师、工程师。

华为对专家的重视不是嘴上说说而已，而是给予专家足够好的待遇、足够多的荣誉和足够好的配套设施，让专家真正能够留下来、发挥作用。

很多企业，嘴上说很重视技术、很重视专家的作用，但其实很难落实，或者只是给了专家一些荣誉、比较好的薪资待遇，但有关资源匹配很难到位，最终导致专家很难真正发挥作用。

14 建设内部人才市场

华为有一个针对公司内部的人才市场，各分公司、各部门都可以在这里挑选自己需要的人才；如果你想在公司内部换岗位，也可以在这里寻求目标岗位和工作机会。

一般情况下，进入内部人才市场的有两类人：

第一，从原岗位淘汰的人。尽管华为建立了相对科学的人力资源管理体系，但任何制度和体系都不是完美的。即使优秀如华为，也存在一定的能力与岗位匹配度不是很高的问题。如果某个人的能力很强，但不太适合这个岗位，最终的结果肯定是不好的。这种不好的结果，又会导致这个人因绩效考核不理想而成为被淘汰的对象。显然，并不是这个人能力不行，而是能力与岗位不匹配。这种人才进入内部人才市场重新选择岗位，或许就可以在更适合的地方发挥其特长。这属于被动进入人才市场。内部人才市场为这类人提供了机会，也有利于华为进一步甄别人才，发挥人才的最大效用。

第二，能力很强、感觉在原来岗位无法更好发挥作用的人。这类人属于主动进入内部人才市场。如果没有内部人才市场，这些优秀人才很有可能离开华为，到外面去寻找工作，那样就可能造成华为人才的损失。

内部人才市场加大了华为人才在内部的流动性，有利于岗位与人才之间更科学合理的匹配，在很大程度上起到了防止优秀人才流失的作用。

但是，并非所有公司都适合建设内部人才市场。华为有内部人才市场，是因为规模足够大、人才足够多，并且几乎在所有岗位建立了候补队员机制，任何人才离职都可以迅速找到人才替补。同时，华为的任职资格制度，给人才与岗位的匹配提供了相对科学合理的标准和依据。

目前，华为在职员工按照8%的流动率测算，每年也有上万人会流动。这样庞大的人才基数，一定比例的流动并不会影响华为的整体运营。此外，华为规模庞大、岗位众多，对人才的需求也大，也可以提供足够多的岗位给人才。这些都是华为内部人才市场出现和长期存在的基础。

华为的内部人才市场不是一个有形的组织，只是华为内部系统中一个用人信息发布和沟通平台。需要人才的部门在线上发布岗位需求，你看到适合的岗位可以对接、面试等。

由于本身就在华为，所以与从外部招聘相比，内部人才有几大好处。比如，基本上不用进行新员工培训，节约了大量培训费用和时间；由于是内部流动，也便于了解该员工在之前工作岗位的表现、优势和不足等信息，从而更容易为其匹配到更适合的岗位。

原则上，华为内部人才市场是面对所有人开放的，但是，由于很多基层岗位的工作相对流程化、固定化，对于这些岗位的员工，华为一直主张减少流动。因此，内部人才市场其实更多是针对技术、市场类岗位，以及管理层。

对于华为来说，建设内部人才市场、战略预备队，是其转换能力的重要方式。

在华为，内部人才市场是寻找奋斗者的地方，而不是落后者的摇篮。内部人才市场促进人才的流动，不仅让员工能够找到最适合自己发挥能量的岗位，也是促进各部门主管改进管理的措施。

华为以真战实备的方式来建立后备队伍，即通过重装旅、重大项目部、项目管理资源池这些战略预备队，来促进项目的运行，进行组织、人才、技术、管理方法及经验等的循环流动，再从项目的实现中寻找更多的优秀干部、专家，来带领公司的不断进步。

学习华为系列课程

让华为精神为企事业单位赋能，打造卓越团队

走进华为亲身体验、置身华为实地考察、权威专家深入剖析、学习华为管理真经

- **课程内容**

深度了解华为发展历程：30多年来，华为经历了多个阶段，面临了不同的挑战，逐步经历从小到大、从本土到国际化、从不规范到规范、从规范到科学的过程。

实地参观华为现场：参观华为松山湖基地，了解华为工作环境，体验华为工作餐，全方位深刻认识这家世界500强企业。

洞悉任正非商业哲学：任正非并非神，而是从一个普通人成长起来的，他卓越的管理思想是如何形成的，到底如何引导华为稳健成长？

- **授课形式**

通过线上线下的系列课程、走访华为等优秀企业，深入到企业辅导，引进华为前高管改组、提升原有团队等方式，提供切实可行的服务，让企业在观念上改变，在组织上改进，在执行上落地，在绩效上出彩，进而从优秀走向卓越，成为行业冠军。

- **课程特点**

精于实操：采用行动学习、场景化学习、启发式互动教学，突出实用技巧和方法，案例分析，分组讨论与练习，有针对性的实战训练。

激发学习主动性：结合受训企业实际实施教学，达到预期培训效果。

寓教于乐：授课幽默风趣，逻辑严谨，内容丰富，深入浅出，立足实战，深受学员欢迎。

- **学习对象**

企业创始人、企业高级经营决策者、华为研究爱好者等

- **行程安排**

时间	内容	备注
8:10-10:30	驱车前往华为松山湖基地	车上交流、巴士课堂
11:00-11:30	乘坐电瓶车参观华为东莞松山湖欧洲小镇	华为专业接待人员
11:30-11:50	乘坐园区小火车，体验华为人上班路	华为专业接待人员
12:00-14:00	华为内部餐厅用餐，体验华为人的生活	
14:00-16:00	华为课程，深入了解华为文化与任正非的商业哲学	华为前高管、华为研究专家

注：因华为接待工作繁重，以上行程可能因华为接待原因调整。

立即添加以下任意一个微信为好友进群，抽取免费参访华为名额：

24小时服务热线（微信）：15013869070　18122490069

图书策划出版服务

2003 年，我们策划出版了第一本有关华为的图书《华为真相》，该书成为 2004 年度的畅销书，热销 100 万册。

此后，我们先后策划出版了《华为经营管理慧》《任正非谈国际化经营》《任正非管理日志》《只有一个华为》《华为三十年》等 26 种华为题材的书。今后，我们每年都会出版几种华为题材的图书。

我们受百度公司邀请，创作记录百度成长历程的图书，出版了《李彦宏的百度世界》《李彦宏管理日志》等。2022 年，我们还受有中国广告第一股之称的广东省广告公司（省广股份）的邀请，创作出版了《共生飘红》。

我们有专业的内容策划、写作、出版、发行、推广团队，提供从图书策划、采访、写作、编辑、排版、设计、出版、发行、推广一条龙服务。我们已经服务近百家著名企业，得到客户的广泛好评，期待为您服务。

立即预约：

24 小时服务热线（微信）：15013869070　18122490069